【文庫クセジュ】

トクヴィル

ジャック・クーネン＝ウッター著
三保元訳

白水社

目次

序

現代の社会学界では、アレクシス・ド・トクヴィルは社会学の規範を示したとみなされている。トクヴィルが社会学的思考の創始者のひとりに加えられたのは、比較的新しいことで、フランスのみならず、フランスにくらべれば歴史学者あるいは政治制度機構の理論家としての評価が揺れることのなかった英米においても同様であった。それは一九六〇年代のことであり、ことにレーモン・アロン[1]とロバート・ニスベット[2]が強力に推した。一九五九年、ヴェーバー学派の伝統に立って歴史的観点に基づく比較社会学を擁護するC・ライト・ミルズは「トクヴィルやテーヌはこんにちであれば社会学者だったのではなかろうか[3]」と問いかけている。この疑問の形式と提示された当時の経緯は、社会学界全体が『アメリカの民主主義』の著者を受け入れるにいたる道程を示唆していた。八〇年代初頭になってもなお、ドン・マーチンデイルは多くの国で権威あるとされている社会学史に関する自著の第二版でトクヴィルについてたまたま言及しているだけで[4]、それもほとんどすべてニスベットの著作に関連してであった。実際には、トクヴィルの社会学者としての権威がラザルスフェルトやマックス・ヴェーバーの後継者に認められるようになったのは、この十年ほど、とくに九〇年代初頭以来のことで、フランス以外ではフランスのマックス・ヴェーバーといわれることもある[5]。

（1）レーモン・アロン『社会学的思考の諸段階』（Raymond Aron, *Les étapes de la pensée sociologique*, Paris, Gallimard, 1967. Réimpression Tel / Gallimard 1991）。
（2）ロバート・ニスベット『社会学上の伝統』（Robert Nisbet, *The Sociological Tradition*, New York, Basic Books, 1966. Trad. fr. *La tradition sociologique*, Paris, PUF, 1984）。
（3）ライト・ミルズ『社会学上の想像力』（C.Wright Mills, *The Sociological Imagination*, New York, Oxford Univ.Press, 1959. Trad. fr. *L'imagination sociologique*, Paris, Maspero, 1968, p.21）二四頁。
（4）ドン・マーチンデイル『自然と社会学理論の諸類型』（Don Martindale, *The Nature and Types of Sociological Theory*, New York, Harper and Row, ²1981）。
（5）ロッテルダム大学の社会学教授アントン・C・ジジャヴェルド氏は上記のように語っている（*Staccato cultuur*, Utrecht, Lemma, 1991, p.80）。

この間の事情はある意味では時代錯誤だといえるかもしれない。トクヴィルはあきらかに社会学者であろうとしたことはなく、《社会科学》という概念自体を社会主義的な思想につながるものとして危険視していたのだ。[1] オーギュスト・コントやカール・マルクスと同時代人でありながら、どちらも無視している。かりに関心を寄せたとしても、それはおそらく「無数の異様な体制」の発案者としてであり、革新的な意欲に基づく彼らの思想は実現不可能だと断定したことだろう。[2] 加えて、彼らの科学万能主義もトクヴィルを魅了することはなかった。トクヴィルは十九世紀に輩出した政治論客のひとりだった。当時の政界の指導層であった有力者の側に立って世論に影響をあたえようという強固な意志で筆をとった。広く教養ある人士とパリの社交サロンのエリートたちに理解されようとしたのであって、特定の学界で認められようという配慮で執筆したのではなかった。だが彼の著作に社会学的な重要性が認められていることは開拓者トクヴィルへの賛辞にほかならない。トクヴィルは開拓者であって先駆者ではなかったのだ。政治家であり文筆家であったトクヴィルは社会学が学問分野として整備されたことで、かえって、ほぼ一世紀にわたってかすんでしまったのだが、[3]誠実な知識人であり、一貫性のある分析と、当代の諸問題を社会学的展望にもとづいて扱う場合に要求される調査研究の厳密さを示していた。こんにちの社会学者にとってトクヴィルは模範であり、また行動の指針でもある。

（1）アレクシス・ド・トクヴィル『回想録』（Alexis de Tocqueville, *Souvenirs*, Œuvres complètes, t.XII, Paris, Gallimard, 1964）九二頁。
（2）同右、九五頁。
（3）フランソワーズ・メロニオが『トクヴィルとフランス人』のなかで的確に指摘している（Françoise Mélonio, *Tocqueville et les Français*, Paris, Aubier, 1993）二一八頁参照。

それでは、スタイルとしては評論風のトクヴィルの著作は、理論的な資料あるいは方法論を提供しているのだろうか。一部の論法は、トクヴィル自身が読者と支持者の目に理論家と映ることを怖れはしたものの、堅実な社会学理論として読める。[1]方法論の面では、分析的な駆け引きがないわけではないが、多くの場合再構築が必要である。しかしその作業は無駄ではないし、単に思索的であるだけではない。再構築の作業を通して、現代にも通じる教訓を得ることができ、また社会学的認識論の重要な問題点も把握できるのだ。

（1）フランソワーズ・メロニオ『トクヴィルとフランス人』九六頁。

トクヴィルが現代になってようやく高名な社会学者とされるようになったのは、たまたま再発見されたからではない。彼が提示する社会生活のヴィジョンはコントやマルクスの決定論とはまったくかけ離れている。そのヴィジョンは行為者に超社会化された概念を放棄させ、社会学理論を現代世界の現実と合致させる唯一の手立てとしての自由を取り戻させる。しかし、古典的な学者を筋違いの方向に導く誤りを犯さないよう心がけなければならない。トクヴィルの最大の関心事は理論や方法論あるいは認識論の次元にはない。社会学の有数な開拓者の例にもれず、トクヴィルは知的生活の要請と都市生活の現実への参加の軋轢につねにさいなまれていた。方法論の戒めと同様に、人間社会の将来に対するトクヴィルの不安、その未来の具体的な形を考えようとする情熱、またその情熱を押さえようとする厳正さは、トクヴィルを現代社会学の先達とするのである。その先達、あの激動の時代の証人、心ならずも理論家となり、やむなく方法論者であったトクヴィル、今日的である古典主義者トクヴィル、そういったトクヴィルを紹介しようとするのが本書である。

第一章　トクヴィル、同時代の明敏な証人

I　生涯と業績——生涯をかけた業績

社会学の古典はいずれもそれぞれに独自の論法の文脈なしには完全に理解することは不可能だ。こんにちの視点からみると、社会学の創始者たちの基本的な文献のうちでも、トクヴィルの著作はあらゆる次元で変革をみた時代の、多様で矛盾に満ちた、影響にきわめて敏感な感性の所産と考えられる。その感性は純粋に知的な次元に限定されるものではなく、真に実存的な側面をもっていて、トクヴィルの解説者に彼の業績と生涯との緊密な関連を示唆した。[1]

（1）G・フェレオル編『社会学思想史』（G.Ferréol, éd., *Histoire de la pensée sociologique*, Paris, Armand Colin, 1994）三八頁記載のミッシェル・フォルセおよびフランソワーズ・メロニオ参照。

アレクシス・ド・トクヴィルは一八〇五年、一七八九年のフランス大革命につづく大変革期後[1]にパリで生まれ、ルイ・ナポレオンのクーデタの八年後の一八五九年、五十四歳のとき結核を患ってカンヌで没している。[2] その五十四年の生涯のあいだに、トクヴィルは一八一五年のナポレオン一世の二度目の退

位、ブルボン王朝最後の王シャルル十世の失脚と一八三〇年の七月革命後のルイ・フィリップの登場、そして一八四八年につづく束の間の第二共和政と一八五一年の第二帝政に巡り合っている。フランスを揺るがしたこれら一連の事件の背景には、いうまでもなくヨーロッパのそこかしこで起きた自由主義運動と、ようやく形を整えはじめた社会主義思想があった。

（1）テルミドールの反動をこの時期の終わりと考えるとして。
（2）詳細な伝記としてはアンドレ・ジャルダン『アレクシス・ド・トクヴィル、一八〇五〜一八五九』（André Jardin, *Alexis de Tocqueville 1805-1859*, Paris, Hachette / littérature, 1984）、体系的な著書としては、ミッシェル・デュボワ『社会学理論の樹立者たち』（Michel Dubois, *Les fondateurs de la pensée sociologique*, Paris, Ellipses, Édition Marketing, 1993）が参考になる。

トクヴィルはノルマンディーの伝統ある貴族の後裔だった。十一世紀のヘースティングの戦いに参加した先祖もいた。父方の祖母の家系は聖ルイ王の子孫だった。アレクシスの誕生当時のトクヴィル家では、一七八九年の大革命はまだ生々しい記憶として残っていて、歴史となってはいなかった。恐怖政治時代に逮捕された両親はテルミドール熱月（共和暦の十一月）まで牢獄に幽閉されていたために惨殺を免れたと考えられる。これはルイ十六世を擁護して惨殺されたマレゼルブにくらべて幸運だった。アレクシスの母親はルイ十六世と縁つづきだったのだ。

アレクシスの父エルヴェ・ド・トクヴィル伯爵は革命のショックを乗り越えて、当時の多くの貴族と同じく啓蒙思想を信奉していたが、若いころの試練の傷跡が残っていた母は、かたくなな王統派への思いを捨てきれずにいた。幼年時代のアレクシスが親戚一統の集まりで革命時代の恐怖の話をきいて衝撃を受けたのは当然だった。このころはまだ革命の余燼がくすぶっていたから、トクヴィル家では相反する意見や思想が拮抗していて、幼いアレクシスの教育方針に矛盾する影響を及ぼした。トクヴィル家は熱心なカトリック教徒だったので、教会の司祭にアレクシスの教育を任せるのが順当なことだった。家庭教師になったのは宣誓拒否司祭（司祭たちは革命期に国家に忠誠を誓う宣誓を強要された）でのちに移民したルシュアー神父で、幼い弟子アレクシスに長期にわたって影響を与えた。アレクシスはその後メッツの王立学院で哲学と修辞学を学んだ。こうしてアレクシスはまずジャンセニスト的な色彩が強い王統派的な信仰をもっていたが、それでも十八世紀の哲学者の思想に早くから触れて親しみ、のちに直接的な影響を受けたモンテスキューだけではなく、ヴォルテールやビュフォン、ルソーなどにも親しんだ。その点、父のエルヴェ伯の影響が決定的だったようだ。エルヴェ伯は貴族階級の価値を信奉していて、国家を具現する王に仕えて王政復古期に知事を勤めた。著作家でもあったエルヴェ伯はマレゼルフやシャトーブリアンの影響下にあって、アレクシスに権利義務である公務の意味を伝えるだけではなく、知的な厳密さの理想の姿を示した。こうしてアレクシス・ド・トクヴィルは卓越してあることへの意欲をもちつつ、特権的出自には義務とおのれに対する厳しさが要求されるという感覚をもつようになる。

その後トクヴィルは、一七八九年から一八三〇年――この年トクヴィル二十五歳――にかけてのフランスの歴史は「旧体制、その伝統、記憶、期待、そしてその代表である貴族階級の人間と、中産階級に率いられる新しいフランスとのあいだで四十一年間つづいた激しい争いの絵図のようだった(1)」と書いている。

（1）トクヴィル『回想録』三〇頁。

しかしその間にもメッツで中等教育を終えたあとパリで法学を修め、軍隊入りか法曹界入りかの選択に迷ったが、結局は家族の一部の反対を押し切って法曹界を選び、一八二七年にはヴェルサイユで聴取官判事の職に就いた。この役職は、トクヴィルにとって、目まぐるしく変わる体制が必要に応じて作った法制上の慣習から生じる混乱を検証する機会となった。法曹界でのこの経験はトクヴィルにとって、単なる資料の検索よりもはるかに明確に、混乱のつづく社会のなかでの旧体制と革命派の対立の激しさを検証する機会だったのだ。(1)

（1）フランソワーズ・メロニオ『トクヴィルとフランス人』一八頁。

シャルル十世の退位とルイ・フィリップの七月王政の誕生は、貴族階級とトクヴィル家にとって危機的な状況をもたらした。先祖伝来のブルボン王朝への忠誠を守るか、立憲王政を具現するルイ・フィリップの王政に従うかの岐路に立たされたのだ。アレクシスの父が新体制はブルジョワ階級の権力の復活だと見ていたのは、たしかに一理あることだったが、それが原因で新体制支持に踏み切れないでいた。アレクシス自身は同族の人びとに激しく非難されたが、判事としての職責上、やむなくルイ・フィリップに忠誠を誓った。彼自身としては逡巡し良心の呵責を感じながらも現実的な次善の策としてやむをえずそうしたのだったが、周囲からは日和見主義だと見られて苦しむことになった。ヴェルサイユで知遇をえた友人のギュスタヴ・ド・ボーモンも同じような立ち場に追い込まれて、精神的にも社会的にも居心地の悪い思いをしていた。このような状況のなかで、トクヴィルが最初に思いつき、ボーモンがそれに乗った形でアメリカ旅行を計画することになった。[1] この旅行の目的は、周囲の偏見が薄らぐのを待ち、政界その他の場での将来の活動にそなえることだった。

(1) アンドレ・ジャルダン『アレクシス・ド・トクヴィル、一八〇五～一八五九』八七～八八頁。

これは当時としてはとくに突飛な計画ではなく、現状に関心のある者にはむしろ当然の知的好奇心の現われだった。誕生してまもないアメリカの共和制について、世論は関心を寄せてはいたが、情報量が不足していた。一七七六年の独立宣言はまだ記憶に新しく、フランスの旧体制がその当時に独立を支持したので、王統派も寛容な好意を寄せていた。自由主義者の周辺では共和制という概念にふたたび関心が寄せられてはいたが、アメリカの政治制度の機能を過去の遺物とみるか、あるいは逆に未来の予兆であるとみるかは、あまりはっきりしていない状態だった。したがってそれは明らかに時宜をえた研究テーマだった。

アメリカ訪問の公式の目的は同国の収監制度の調査だった。このテーマは当時の問題点でもあり、また収監制度の改革をこころざす二人の若い司法官の職責にも関連していた。事実、トクヴィルとボーモンは一八三三年に『アメリカ合衆国の刑務所制度とフランスへのその適用』と題する報告書を書き、関係部署で大いに評価されている。しかしこのような公式の目的以上に、二人のアメリカ滞在が目指していたのはアメリカの社会と体制がどのように機能しているかについて総合的な診断を下すことだった。九カ月間の旅行で集めた情報をもとにして書かれたのが、一八三五年に刊行されたトクヴィルの最初の大作『アメリカの民主主義』の二巻で、こんにち、一般に『民主主義』第一版と呼ばれている著作である。

『民主主義』第一版は当初から高く評価されて、著者トクヴィルの名声を確立した。これにくらべると一八四〇年に公刊された二巻の『民主主義』第二版ついての読者の評価は定まらなかった。その理由については後に述べる。だがそれでも第一版の成功だけで、トクヴィルは一八三八年には人文・社会学アカデミーに、ついで一八四一年にはアカデミー・フランセーズに推挙されている。トクヴィルはこのとき三十六歳だった。

しかしこの時期、トクヴィルは『民主主義』第一版が刊行された翌年に政治活動に専念するようになっている。それは、彼にとって、それまでの生き方と決別することではなく、むしろその論理的な帰結だった。第一版刊行当時の状況では、この著作は行動への呼びかけとしても読むことができた。そこで扱われているのはアメリカだが、その結論はフランスでも考えられるような一般的で幅広いものであった。一方トクヴィル自身はこの著書の公刊によって、衆議院議員となる必要性を感じるようになっている。事実、一八三六年から準備して三九年には議員に選挙された。そしてその後十二年間の活動の中心は議員としての政治活動[1]であった。

（1）アンドレ・ジャルダン『アレクシス・ド・トクヴィル、一八〇五～一八五九』二六四頁。

七月革命後の王政下、議員トクヴィルは矛盾の多い人物だった。ヴァローニュの選挙区では出馬のたびに得票が伸びて数回当選し、議員としての勤めを律儀に果たしていたが、院内ではあまり目立つ存在ではなかった。貴族でありながら、本来、分にはふさわしくない世界にすすんで飛び込んでしまったトクヴィルは、周囲の目には議会の風潮に適応していないように見えていた。一八四八年一月二十七日、[1]議会での予言的な演説で革命が近いと予告しながら——実際にはトクヴィルが考えていたよりも早く起きた——、当時の政権担当者に対する軽蔑ばかりか自分自身の予知能力も軽蔑して「……権力者が権力を失う真の原因あるいは有効な原因は、権力にふさわしくない者たちが権力者であるからだ。……諸君はいままたヨーロッパの大地が揺れていることに気づかないのか。……そしていまそのような時にあってなお諸君は公規の乱れにも思い患うことがない。これだけいってもいいすぎではない[2]」と述べている。

（1）『回想録』のなかで、トクヴィルは日付を誤って一月二十九日としているが、一八四八年一月二十七日が正しい（『全集』十二巻、三七頁）。
（2）トクヴィル『回想録』三八〜三九頁。

その後、一カ月もしないうちに一八四八年の革命が実際に起きた。騒乱が三日つづいて七月王政は消滅し共和制が宣言された。トクヴィルは倒壊した旧体制には何の思いも残していなかったし、七月王政は、彼にいわせれば「自分の仕事で稼ぐのと同じくらいに国庫に頼っていた[1]」ブルジョワ階級の勝利を確立したのだから、新体制に容易に与《くみ》することができた。しかし、このときもまた彼はご都合主義的な行動に出た。二月革命の運動が社会主義的な方向に傾くだろうと意識したトクヴィルは、憲法制定議会が穏健なブルジョワ共和制に向かうことに尽力しようとした。六月にパリの労働者の反乱があったときトクヴィルは、社会問題の複雑さを認識していながら、労働者に対してつねにない厳しい言辞を弄し、

「パリで一大戦闘を展開して」[2]一気に労働者を始末してしまおうと願った。トクヴィルはもちろん問題点を明確に認識していた。「……土地所有権……が、問題点が多く忌避されている他の諸権利によってもはや保護されていないこんにち、この権利にはさらに重大な危機が迫っている。やがて、持てる者と持たざる者とのあいだに政争が起きるであろう」[3]というトクヴィルの分析は、彼の思いに反してカール・マルクスに近いものになっている。そのマルクスは「プロレタリアは当然自分たちが二月革命の勝利者だと考えていた。……彼らは街頭で騒乱を起こして打ち負かされるべきだった。ブルジョワとともに闘かわず、ブルジョワに闘いを挑めば、負けるということをわからせなければならなかったのだ」[4]と書いているのだ。だがトクヴィルの場合には、バスティーユ占拠のときにシャトーブリアンが感じたような嫌悪感が加わっていた。[5]トクヴィルにとってもシャトーブリアンにとっても群衆の動きにはロマン主義的な魅力はなかった。

（1）トクヴィル『回想録』三〇頁。
（2）同右、一一七頁。
（3）同右、三七頁。
（4）カール・マルクス『フランスの階級闘争、一八四八〜一八五〇』（Karl Marx, *La lutte des classes en France 1848-1850*, Paris, Editions Sociales, 1952）四三〜四四頁。
（5）シャトーブリアン『墓の彼方の回想』（Chateaubriand, *Mémoires d'outre-tombe*, Paris, Gallimard, La Pléiade, 1951, vol.1）一六八〜一六九頁。

その翌年、トクヴィルは第二次バロー内閣の外務大臣に就任したが、王政主義の議員で構成されていた与党と共和制の正統性を次第に蔑ろにするようになった王族大統領とのあいだで政府は窮地に陥り、五カ月で破綻した。トクヴィルが参閣した期間が短く、あまり好意的には評価されず、政府の政策に利用された知識人の例だとさえいわれることがある。この点についてラルフ・ダーレンドルフは、トクヴィルが大臣であったことはほとんど忘れさられているとさえいっている。[1] 事実、ローマ教皇庁との関係が中心であった当時の政治のなかで、政治家としてのトクヴィルが『アメリカの民主主義』のなかで表明した知識人の行動をとったとすれば、政治家トクヴィルの手腕は知識人トクヴィルの野心に見合うものではなかったはずだ。トクヴィルの狙いは教皇支配下の諸国家でカトリック教会と近代的自由との融合を達成できるような憲法体制を優先させることだった。[2] しかしその狙いは完全に失敗して苦汁を舐めることになる。

(1) ラルフ・ダーレンドルフ『近代の社会闘争。政治的自由について』(Ralf Dahrendorf, *Der moderne soziale Konflikt. Essay zur Politik der Freiheit*, Stuttgart, Deutsche Verlags-Anstallt, 1992) 二八七頁。
(2) アンドレ・ジャルダン『アレクシス・ド・トクヴィル、一八〇五〜一八五九』四一四〜四二一頁。

一八五一年十二月のクーデタでトクヴィルの政治活動は完全に終わった。研究活動に戻ったトクヴィルは『アンシャン・レジーム(旧体制)とフランス革命』の執筆にとりかかり、一八五六年、死の三年前に上梓しているが、おそらく永らえていれば続編を刊行していただろう。『回想録』と『アンシャン・レジーム』を突き合わせると、参加する人間の経験と『アンシャン・レジーム』の構想とが密接に絡み合っているのがわかる。トクヴィルは一八四八年の事件について熟考した結果、連続性があることを強く感じている。一七八九年から一八三〇年の期間は、さまざまな面での事件に彩られた古いフランスと新しいフランスとの対立の時期であっただけでなく、その対立は一八四八年の事件につづき、それでもなお最終的解決の見通しはたてられなかった。実際には、表面的な混乱を超えて、六十年来つづいていた革命のプロセスだけがあったのだ。距離をおいてそのプロセスの特徴を求めることは当時すでに可能だったし、その遠因を求めることもできた。断絶と連続、断絶の内にある連続性、断絶を超えてある連続性、それはひとりの人間の一生の経験であり、その人間の「仕事」の最大の課題であった。

Ⅱ　両義性と情熱

トクヴィルは、知人たちの証言によれば、病身で顔色もすぐれず動作もにぶかった。ときによって年よりふけて見えたり、驚くほど若々しく見えたりして、若年寄りか老人のような子供だった。(1) トクヴィルの同時代に対する根深い両義性が容色や身のこなしにまでにじみ出ていたのだ。両義的だったのは大革命についてだけではなく、より幅広く自分の目の前で発展拡大しつつあった中産階級社会に対してもそうだった。多数の福祉のみを顧慮するこんな社会が、自由と公徳心、あるいは個人の尊厳を擁護しうるのか、という思いにトクヴィルは悩まされていた。この疑問に加えて、幅広い福祉のために一部の価値を犠牲にしなければならないのだろうか、という疑問が重なった。この第二の疑問はさきの疑問よりもさらに難問で、いずれにしてもトクヴィルは決定的な答えを発見していない。こうしてトクヴィルの知的思索は精神的倫理的探求と相俟って悲劇的な様相を帯びるようになる。

(1) フランソワーズ・メロニオ『トクヴィルとフランス人』二四～二五頁。

一見矛盾に満ちた人物に見えるアレクシス・ド・トクヴィルは、明らかに典型的な過渡期の人物で、彼自身この過渡期の時代を分析している。彼が自分の家のものだと考えている精神的遺産を後代に伝えようと気遣いながらも、家の伝統を踏みにじって、平民で英国の中流ブルジョワージー出身のマリー・モットレーと結婚して物義をかもす。[1] 十八世紀の哲学者については概《おおむ》ね好意的な態度だが、彼らが伝統的な権威をすべて否定したと非難している。かつてフランスを支配した貴族階級の一員であることに誇りを感じつつも、その階級が政権を維持しえなくなっていることは認めていて、伯爵の爵位を継承したがとくにその地位を利用してはいない。たしかに大革命に感銘を受けてはいるが、革命を謳歌することは忌避しゆきすぎた行動には反感を示している。政治活動を倫理的な義務と考えてはいるが、自分自身が政治的に成功するような態度には踏み切れない。精神的な疑問に苛まれつつも、キリスト教の倫理には確信をもっている。社会的な欺瞞は形がどうあれ否定するが、既成の宗教が社会的な安定に寄与することは不都合だとは思わない。労働問題についての同時代の工場主の無責任さは認識しているが、労働者の不満が爆発して反乱がおきても、彼らの訴えには不思議なほど関心を示さない。「必要な制度といわれるのは、馴染みのある制度にすぎないことが多く」、その点では「可能性の範囲は」きわめて幅があると[2]認めるが、遠い昔からの社会秩序の保障であるとみている土地所有権は疑問視せず、この相対論を当てはめはしない。

(1) アンドレ・ジャルダン『アレクシス・ド・トクヴィル、一八〇五～一八五九』五〇～五二頁。
(2) アレクシス・ド・トクヴィル『回想録』九六～九七頁。

あい矛盾するこのような感情がトクヴィルを悩ましつづけた。当時出版を予定して書かれた著作ばかりではなく書簡などにもそれがはっきりと現われている。秩序を回復した未来を思い描く楽観的な視点に傾くこともあれば、理想化された過去への郷愁に抗しきれないこともある。トクヴィルの生涯と全著作を方向づけるのにこの両義牲に勝る奥深い動因を強いて求めるとすれば、自由へのあくなき情熱が考えられるだろう。独創的な思想の裏付けが極限的な価値と情熱である自由であり、またそれがトクヴィルという人物の全体像に一貫性をもたらしているのはたしかだ。しかし、はっきりしておかなければならないのは、トクヴィルは貴族でありながら自由に魅せられていたのではなく、貴族であったからだということだ。

封建的思想が身についていたトクヴィルは旧体制のフランスの封建君主たちを真の自由人だと考えていた。そしてまた彼らの勇気と公徳心によって自由であることにふさわしくなければならないとしていた。この点でトクヴィルは、レーモン・アロンが指摘したように、アルチュール・ゴビノーと同様、十八世紀に歴史哲学として一部で好まれた「ゲルマン・イデオロギー」[1]の後裔であった。この考え方では封建君主は自由な選民としてゴール人を制圧したフランク族の子孫であり、彼らの勝利によって自由を獲得したとされていた。しかし『人種不平等論』の著者ゴビノー[2]はゲルマン的な封建主義の排他性に苛立ち、トクヴィルもモンテスキューともども敗者すなわち非ゲルマン、非貴族が自由であろうとする権利を完全に否定することはできなかった。リベラルな貴族であったトクヴィルは、英国の貴族階級が新来者に示した理解に敬服し、フランスの貴族たちの閉鎖的な特権意識を嘆いていた。しかし彼にとって自由とはそれに相応しくなければならない特権であり、その理想の根源は遠い昔に遡るものであった。ゴビノー宛ての書簡には、随所にこの点に関しての意味深い指摘がある。一八五七年、死の二年前の書簡で、トクヴィルは「五百年前にあった自由」について書いてから、自由は「現代のような民主的な社会では、かつての一部の貴族社会にくらべて、築き、維持するのが困難だ」とつねに考えてきたと記している。だがそれでもゴビノーの自主独立的決定論に対しては「人間社会は個人同様に自由の行使によってのみ存在価値がある」と反論するのである。[3]

（1）レーモン・アロン『社会学的思考の諸段階』六二頁。
（2）トクヴィルの協力者。トクヴィルが外務大臣に就任したさいに、官房長に登用した。
（3）一八五七年一月二十四日付のド・ゴビノー宛の書簡。

宗教的な信仰上の態度がつねに一定ではなかったにしても、トクヴィルはキリスト教的倫理の遺産に基づいて、自由を享受し、保障する開かれた貴族階級を考えていた。この点についてもゴビノーとの往復書簡は示唆に富んでいる。一八四三年の手紙でトクヴィルはキリスト教が新しい義務を課したとはいえないが、認められていた義務の適用範囲を改めたと指摘して、「義務の範囲は限定されていた。それを（キリスト教が）拡張した。同郷人の範囲を越えなかったものにすべての人間を入れた。そこには主に主人しかいなかったのに奴隷も入れた。キリスト教は平等と統一と人間の兄弟愛を前面に押し出した」[1]

と述べている。この記述はトクヴィルが宗教に与えていた社会的機能とその喪失を惜しむ気持を明らかにしている。宗教の社会的機能は善悪の制裁をあの世に任せたのだったが、宗教的信仰が揺らいだとき「善悪の制裁を完全にこの世の外に任せることでは充分な保障が得られなくなって、この世に道徳律の制裁を求めざるをえなくなった」。そしてこのことは直接に「当然の利益の理論」と実利主義[2]につながり、貴族にとっては分析や理解は可能でも進歩とは了解しがたかった。

（1）トクヴィル『回想録』四五頁。
（2）同右、四六頁。強調はトクヴィル。

　トクヴィルの封建主義によって、逆説的だが、トクヴィルの民主主義に対する理性的な受け止め方、共存するブルジョワ階級との軋轢、また生涯にわたる政治上の態度などが理解できる。トクヴィルは自由を崇拝し支持する貴族階級の社会的政治的権力を破壊した絶対王制には終生反対だった。トクヴィルによれば、アンシャン・レジーム的自由を徐々に破壊することに王政が成功したのは、ブルジョワ階級出身の凡庸な人材の助力があったからだという。したがって王の権力を押さえることが重要だったのだ。シャルル十世、ついでルイ・フィリップが超法規的であろうとしたとき、トクヴィルは、王の役割は法の遵守にあることに気づかせるべきだと認めていた。しかし七月王制が営利主義的なブルジョワ階級を登用すると、トクヴィルはふたたび反発するようになった。一八四八年、トクヴィルは明らかに立憲王政へ向かうことを期待していたにちがいない。オーギュスト・コントとは異なり、トクヴィルは立憲王制のような体制を、対立する二つの原則の折衷体制ではなく、自由を尊重する穏健な王制支配への回帰だと考えていた。トクヴィルはこのような体制が当代にも未来にも最も充実した政治形態であると見ていたのだ。だがこの選択はあまりにも非現実的だったから、ほとんどためらわずに共和制に与《くみ》した。ルイ・ナポレオン帝国に対しては、トクヴィルは「ルイ・フィリップ風ブルジョワ階級」の治世よりもさらに成り上がり的で、まったく偉大さに欠け公徳心もない体制と考えていて、軽蔑の念をあらわにしていた。

しかしトクヴィルの封建的なメンタリティーの名残りを通して、社会問題と革命精神に関する彼の態度を理解することもできるはずだ。パリの名士たちと親しいとはいえ、トクヴィルはさまざまな面で田舎紳士である。トクヴィルの出自は、社会的地位の多様性が当然であり、公正さの感覚が抽象的な公平の概念に基づくのではなく、社会階層間の権利と義務の均衡に基づく社会だった。社会的結合は個人的な関係の形をとり、その結合は個人のあいだにはあるが、個人はそれぞれ異なる社会的条件のもとにあり、そのいずれの条件も個人の権利および義務の性格と適用範囲を規定していた。このような社会は有機的な集合体で、デュルケムが複合社会の結合要素である有機的連帯を、アノミーに陥る恐れがあった第三共和政の社会的な理想としようとしたよりはるか以前のことだった。トクヴィルが親しんだこのような形態の社会、つまりフランスの農村社会は、革命の余震が数十年間つづいたのちにもまだその名残りが見られた。もちろん、大革命によって旧来の主従関係や伝統的な社会環境は、法制的には完全に払拭されていた。しかしトクヴィルは派手な変化に隠れて、執拗に残っている旧来の慣習を実に巧みに暴きだす。運悪く恵まれない人びとを見捨てたりはしない。そして貧困とそれによって生じる社会悪と闘う意欲を示している。だがそれでもトクヴィルは伝統的社会の名残りに根をおろし、つねにその世界を典拠としている。それは普遍主義と自主独立主義との微妙な配合で構成された世界だ。そこでは一般向けの道徳的な規則が適用され、「罪を犯すものは規則に違反し、善をなすものは規則を守る」[1]と呼び掛けられていた。その他の規則、たとえば社会階級に固有の信義などは、特殊な性格をもっている。この規則は貴族社会の構成自体に起因していた。政治面では「各人は従わねばならぬ特定の人ひとりを知っていた」。この義務が廃止されると「ただちに無政府状態に陥った」[2]。

(1) トクヴィル『アメリカの民主主義』(Alexis de Tocqueville, *De la démocratie en Amérique*, t. II, Paris Vrin, 1990)、第二巻、一九二頁。エドゥアルド・ノッラ編集の「歴史校訂」第一版。
(2) 同右、一九二頁。

こうした原則の痕跡が部分的にもせよ残っている教育を受けた人間は、風俗習慣の変化と新しい時代に適応することで、当然かつての教育とは距離をおくようにはなるが、このような人間にとって、旧体制の有機的結合から当然のようにひき出されていた《新興成金》や《新しい困窮者》を生んだ新興工業の集中は、格別の思考的努力をしないかぎり、明らかに把握しがたい社会を構成している。『民主主義』の第二部でトクヴィルがこのことについて語っている部分には、新しい世界に直面した貴族特有の反応がはっきりと現われている。「労働者は一般に複数の頭についていて、定まったひとりの主人についているのではない。」経営者と労働者は生産の場で行き交うが、それ以外に共通する点はまったくない。彼らの関係は労働の提供と給与の交換のみに集中している。それ以外には、保護、支援、相互扶助[1]などいっさいの義務はない。このことは、当然わかることだが、その対局に十九世紀の社会キリスト教の視点での「社会問題」の解決法を描き出している。事実、トクヴィルは、当時社会問題[2]に関心をもつ知識人を集めた圧力団体で一八二一年に設立されたキリスト教道徳協会の会員だった。工業で儲ける新興成金には、トクヴィルはまったく好感をもっていない。「前世紀の領主貴族は、法による義務、あるいは慣習的な義務だと考えて、使用人を援助し困窮を柔らげていた。しかし工場主の貴族は（中略）こんにち私たちの目の前で発展しつつあるが、この貴族たちはこの世に現われた貴族のなかで最も強硬な連中であり（中略）、この方向にこそ民主主義の支持者たちは心して目を向けなければならない。[3]」新しい困窮者はどのように判断されているのだろうか。トクヴィルは当時の労働者の仕事を過小評価する傾向をそのまま受けついでいて、テーラー主義とその行き過ぎを予感させるような解説をしている。「職人は、連続して同一のモノを作ることに専念していると、不思議なほどに器用に仕事をするようになる。しかし同時に、仕事の差配に精神を傾ける総合的能力を失ってしまう。日ごとに器用になるが考案しなくなる。つまり職人として完成していくに従って人間が堕落していくのだ。[4]」産業の集中化と相俟って主人は「次第に広大な領分の経営者に近くなり」労働者は「ごろつき[5]」に近くなる。そして小間切れの仕事をしつづけて人間性を失い、堕落し、思考能力を失った人びとが、一八四八年に既成の体制に対して立ち上がった。その年の六月のパリの街路の光景にトクヴィルは嫌悪感をもち、混乱し苛立った。反乱者をフランスの国民だと見なかったからなおさらだった。当時の社会主義論者とは異なり、トクヴィルはこの暴動が政治に与える影響にはまったく期待していなかった。この反乱から建設的ななにかが生まれるとは考えなかった。その一方で、財産以外に正当性を失ったブルジョワ階級の脆弱さについては、きわめて明確に意識していた。事実、古代の市民や封建時代の領主のように、ブルジョワ階級は政治の場に特定の位置を占めていない。ブルジョワ階級の位置づけは完全に経済の分野にある[6]。支配への唯一の資格が富であるならば、支配する者とされる者の位置は原則として互換性がある[7]。こうして個人の忠節という感情がまったく機能しなくなり、次第に擡頭するアナーキーに対して防御的になるほかはなくなった。土地所有が最後の砦である。あらゆる矛盾を利用する人間であり、「武器にみずからの権力を見出し」長期にわたって「武器によって[8]」権力を維持してきた階級の子孫としては、闘って勝つしかないと判断するにいたったのだ。

(1) トクヴィル『アメリカの民主主義』(歴史校訂版、第二巻) 一四二頁。
(2) ロベール・カステル『社会問題の変容——賃金生活者の記録』(Robert Castel, *Les métamorphoses de la question sociale. Une chronique du salariat*, Paris, Fayard, 1995) 二四〇～二五一頁。
(3) トクヴィル『アメリカの民主主義』(歴史校訂版、第二巻) 一四二頁。
(4) 同右、一四一頁。
(5) 同右、一四一頁。
(6) フランソワ・フュレ『過去の幻影』(François Furet, *Le passé d'une illusion*, Paris, Robert Laffont / Calmann-Lévy, 1995) 二〇頁。
(7) トクヴィル『アメリカの民主主義』(歴史校訂版、第二巻) 一四一頁。
(8) 同右、一九五頁。

Ⅲ　明晰さと公徳心

両義性から明晰さが生まれる。近代社会の発達をまえにして感激と諦めがあい半ばしながら[1]、トクヴィルはきわめて明晰な視線を当代に投げかける。そしてほどなく同じように熱気をこめて「彼の思想の中心となる大問題、つまり貴族社会の代替としての民主社会」がトクヴィルのまえに立ちはだかった[2]。このような問題は結果的に政治的社会的変遷についての独自のヴィジョンをもたらす。トクヴィルは、当時流行の多くの思想とは逆に、自由と平等が同時にしかも半ば自動的に相互に力を得ながら発達することはありえないと考えたのである。それだけではなく、彼は自由と平等の関係を自家撞着と捉えることが多かった。諸条件の平等化の傾向はトクヴィルにとっては全般的でしかも不可逆的であり、そのことで諸種の自由へのさまざまな面での潜在的な脅威だとみられた。短期的には社会の全体的なブルジョワ化と中産階級の基本精神《エートス》の擡頭を意味し、封建時代の信義の原則と古代の徳の原則に代わって利得の原則が現われることになる。このような状況のもとでは、恐怖政治や信託統治国による専制政治が蔓延して大半の市民はやる気をなくし、自分の生活のことだけを考えるようになってしまう。フランスの政治状況は早くからこの方向に向かっていった。トクヴィルは王政復古を自由と全員の繁栄を同時に実現できる時だとみた。ところが七月王政が成立してトクヴィルは次のように書き記している。「一八三〇年、中産階級の勝利は確定的であり完全だったので、あらゆる政治的権力、自由、特権、つまりは政治体制そのものがすべて閉ざされていて、ブルジョワ階級という狭い範囲に詰め込まれて、法的にはブルジョワ以上もまた実際にはそれ以下もすべて疎外された」[3]。一八四八年はトクヴィルには共和制が安定した自由な体制を樹立する最後の機会だと思われたが、それもすぐさま第二次帝政に取って代わられた。そして「フランスを統治するにはあまりにも不充分な……あの中産階級」は、ルイ・ナポレオンの権威になびいてしまったのだった。トクヴィルはこの体制について「開明的な階級に軽蔑され、自由の敵であり、策士や山師、取り巻きなどが政権を握っているでき損ないの王政以外のなにものでもない[4]」と酷評している。百年に満たない期間に二度まで現われた独裁政体についての考察からトクヴィルは、中産階級がはたして永続的に国政を担当できるのかと疑問をもつようになった。

（1）レーモン・アロン『社会学的思考の諸段階』二二九頁。
（2）アンドレ・ジャルダン『アレクシス・ド・トクヴィル、一八〇五～一八五九』六三頁。
（3）トクヴィル『回想録』三〇頁。
（4）同右、二一〇頁。

トクヴィルの展望では、生活条件の漸進的な平均化は自由の漸進的獲得の結果であるとは限らない。フランスの様相はむしろ、政治権力の集中、行政の中央集権化と旧来の自由の破棄だと感じとっている。こうしてトクヴィルは、フランス社会の変遷の長期的な分析によってルソーとは異なる視点に立つ人民主権の観念をもつようになった。この人民主権が自由を損なわずに適合するには、権力が段階的、断片的でないことが重要である。

不思議なことに、情熱的なトクヴィルがこの判断では冷静である。新しい形、つまり民主主義に根ざす専制主義の危険が現実にありうると見てはいるが、終局的に不可避な運命だとは考えず、暗い予感に襲われはしても、黙示録的な決定論は原則として避けている。著作においても政治活動においても、民主的秩序が専制に流れることに対する防御策を求めつづけた。そして、やがて英国とアメリカの体制に関心をもつようになった。トクヴィルは「民主的専制主義」の対処療法は連合関係的生活、中間権力の強化、報道の自由、宗教意識の喚起[1]だと考えた。ここにもまた彼の生涯と思考の遍歴の複雑な絡み合いが見られる。

（1）アンドレ・ジャルダン『アレクシス・ド・トクヴィル、一八〇五～一八五九』二五七頁に未発表の書簡として引用されている。

凋落しつつある旧体制の影響下にあったトクヴィルは、暴力と喧騒のうちに次第に形を整える新世界を目前にして多くの同時代人と変わらぬ苦悩を味わっていた。だが啓蒙主義哲学にも共感していたトクヴィルは、この哲学に基づいて、人類に与えられる能力にある種の信頼感を抱いていたから、結局のところ「モノが見えない同行者」からも「徹底的な破壊論者」からも適切な距離を保つことができた[1]。

（1）トクヴィル『回想録』二六一頁。

相互に矛盾するこのような影響はトクヴィルが断定的すぎる判断をくだすことを防ぎ、さらに彼は古代の倫理とキリスト教の学識や当時のカトリック教会が容易に認めようとしなかった新しい権利などを合成する困難な試みに挑むことになった。権利にともなう義務という普遍主義は近代性にともなって必然となるが、トクヴィルはそこにキリスト教の倫理的影響の効果を加えている。ただしトクヴィルの視点では、キリスト教的倫理の偉大さは民族国家の現実に適応する国民精神を打ち建てる場合には障害になる。キリスト教から派生した倫理は民族社会の範囲を越える「人間的社会」の観念を優先し、その結果「人間相互の市民としての義務や、市民の祖国に対する義務を[1]」ややないがしろにした。トクヴィルはこの点で古代の公徳心の観念に立ち戻るべきだと考えている。古代の政治的観念とキリスト教倫理の合成から、こんにちでいう社会的国家の概念、「ある種の社会的政治的倫理」が生まれ、強化されなければならないのだ。「キリスト教は慈善または……慈愛を私的な徳にしてしまった。私たちはそれを社会的な義務、政治的な義務、つまり公的な徳にしつつある」とトクヴィルは指摘している。[2]

（1）アルチュール・ゴビノー宛の一八四三年九月五日付の書簡。トクヴィル自身の下線あり。『トクヴィル全集』第九巻、四六〜四七頁。
（2）トクヴィル『回想録』四七頁。

トクヴィルは公的な徳が他のすべての徳に優先すると考えている。ここでもまた社会生活のきわめて近代的な観念が古代を想起することによって成り立っていることに注目したい。公徳心、義務と好みの両面から展開しつつある歴史の行為者であろうとする意志、ある種の社会的責任感、それらはすべてトクヴィルのなかでは家の伝統と階級のエートスから生じている。彼が暗い気分になり悲観的な予測をするのは、公徳心が低下するときで、しばしば「聞き入れられず、石女のカッサンドル[1]」のような容貌を見せた。

（1）この表現はフランソワーズ・メロニオ『トクヴィルとフランス人』三〇一頁による。

トクヴィルの著作あるいは彼の政治家としての行動に見られる公的道徳心の要請が目標としたのは、

新興の指導階級だけではなく、貴族階級に当然要求されてしかるべき公徳心の高さを達成しえずに失墜した旧来の権力者もそうだった。一八四八年一月二十七日の衆議院での有名な演説で、トクヴィルは旧体制を想起して次のように主張している。「諸君、どうか旧王政を考えてほしい。旧王政は諸君よりも強力だった、その出自からいって強力だった。古い習慣、古い慣習、古代からの信仰に諸君よりも重きを置いていた。旧王政は諸君よりも強力だったが、灰燼に帰した。ではなにゆえ失墜したのか。……それは当時統治していた階級が無関心と利己主義とその悪によって、統治する能力も資格もなくしていたからである。(1)」

（1）トクヴィル『回想録』三八～三九頁。

古典的な政治哲学者の伝統を継承するトクヴィルは、ただ叙述するだけでなく禁止条項を打ち出す。たしかにトクヴィルは政治家としてよりも知識人として偉大であるが、知識人としての活動が政治的活動と切り離せないことも確かである。一八五三年、公的な活動から身を引き『アンシャン・レジームとフランス革命』を執筆していたころ、ある友人に次のように語っている。「……自分の仕事をしている最中にも、どうしても現代の事件の地鳴りのような響きが聞こえてきてしまう。(1)」そしてトクヴィルの著作や、さらにまた彼の生涯を力強いものにしているのは、最もよい意味での彼の「参加の精神」なのである。

（1）フレスロンの未発表の書簡、アンドレ・ジャルダン『アレクシス・ド・トクヴィル、一八〇五～一八五九』四四九頁に引用。

第二章　トクヴィル、体系的な探求者

I　さりげない厳密さ

トクヴィルの著作がもつ魅力が、彼自身について、しばしば誤解を招く。トクヴィルの知性と才能は誰もが認めるが、彼の才能は学者としてではなくむしろ文筆家としての才能ではないかと思われてしまうことがある。それでもなお、トクヴィルはまちがいなく最高の理論家であり、最も広い意味での探求者だった。関心のある主題については著作執筆の準備であれ、議会関連の書類の作成であれ、確実な一生涯、資料の収集を心がけていた(1)。しかしいずれにしても、彼の場合には文体自体がすでに体系をなしている。たしかに、トクヴィルはいい文章を書こうと心がけていて、文筆家、しかも達者な文筆家であろうとしていた。同じ原稿の下書きが何種類も残っていることや、家族や友人に批評を求めていることが、そのことを示唆している(2)。彼は明澄と簡潔、古典的な素朴さを求めていた。実際に執筆していた時点で、トクヴィルの文体はすでに時代遅れだと評された。ロマン主義的な誇張に反発してむしろパスカルやモンテスキューの影響が濃かったのだ(3)。しかし簡潔さ、ときに暗示的な文体など(4)は文筆家だけの関心事ではない。形態的な文章の特徴は計画と目的に密接につながる。計画とは本質に直接迫ることであり、細かい点を述べたてずに「一般的な事柄」にとどまって、論点を最も明確に提示することだ(5)。この点はすでにトクヴィルの同時代人が指摘していて、ナソー・ウィリアム・シニアと話し合ったボーモンは「文をひとつでも忘れるのは危険です。理論を進めるのにも物語るにも不必要な文はひとつもないからです(6)」といっている。目的とは説得し、読者の注意をひいて、世論に働きかけることであり、計画と同じく簡潔で直接的な鋭い文体を要求する。トクヴィルの著書は激しい著作であり誰しも無関心ではありえなかった。『アメリカの民主主義』の第一版の序章の次の一節が作品の「参加」の姿勢(7)をよく表わしている。「すべての世紀が現世紀に似ていたというのだろうか。人間はいままでずっと今のような世の中を見てきたのだろうか。今の世ではすべてが連携を欠き、徳に光なく、天与の才に栄光なく、秩序を好むことが専制君主の嗜好と混同され、自由への聖なる傾倒が人間的法の軽蔑と混同され、なにごとも禁じられず、許されず、実直なことも、恥ずべきことも、真実も、虚偽もない(8)。」この一節からでも、著者が社会的な進化の全体像にとりつかれていて、それを証明しさらに説得しようと考えていることがはっきりと感じられる。

(1) フランソワーズ・メロニオは、『アンシャン・レジーム』の注の覚え書きが、トクヴィルが議会での報告用に準備した資料とほとんど違わないと指摘している(フランソワーズ・メロニオ『トクヴィルとフランス人』一三一頁)。

(2) この点については、ジェイムズ・T・シュライファー『トクヴィルの「アメリカの民主主義」の成立について』(James T. Schleifer, *The making of Tocqueville's Democracy in America*, Chapel Hill, The University of North Carolina Press, 1980) 二七八〜二七九頁参照。

(3) ジョージ・ウィルソン・ピアソン『アメリカにおけるトクヴィル』(George Wilson Pierson, *Tocqueville in America*, Gloucester, Mass., 1969〔abrégé par Dudley C. Lunt de *Tocqueville and Beaumont in America*, 1938〕) 四四八〜四四九頁。
(4) ジャン＝ミシェル・ベルトゥロ『社会学の構築』(Jean-Michel Berthelot, *Construction de la sociologie*, Paris, PUF, Coll. «Que sais-je?» No. 2602, 1991) 一九頁の記述による。
(5) フランソワーズ・メロニオ『トクヴィルとフランス人』三四頁。
(6)『全集』第六巻「イギリス書簡」(*Œuvres complètes*: t. VI, *Correspondance anglaise*, Paris, Gallimard, 1991) 五〇二頁。
(7) この点については『アメリカの民主主義』のペーパーバックス第一版の序文でジャン＝ピエール・ペテールがきわめて適切な指摘をしている (Jean-Pierre Peter, *Démocratie*, Paris, Union générale d'Editions, Coll. «10 / 18», 1963) 七〜八頁。
(8) トクヴィル『アメリカの民主主義』(歴史校訂版、第一巻) 一三〜一四頁。

文体はそれだけですでにひとつの体系をなしていて、そのことは発見の段階であろうと紹介の段階であろうと同じことだ。データの採用についても、また実際の使用についても、文体はいくつかの基本概念の表現にそった選択の結果である。『アメリカの民主主義』の第一版の下書きに残っている書込みには次のように記されている。「自分が見たことをすべていいつくしてはいないが、真実であり役にたつと思ったことはすべて言ったつもりだ。[1]」トクヴィルの全著作の構想の鍵となった概念は選択度と妥当性であった。

(1) トクヴィル『アメリカの民主主義』(歴史校訂版、第一巻) 三頁。

のちにエミール・ブトミはトクヴィルがものを書くときに不必要な事実を切り捨てることを習慣にしていたと指摘して、「旅人が旅の埃をはらってから人前にでるのと同じようだ」と書きそえている。[1] 文脈を離れて考えるとこの指摘は残酷な印象を与える。理論を展開する場合に、トクヴィルが実体験を軽く見ていると示唆していると思われるからだ。だがトクヴィルの意図が、まさに《旅の埃》、つまり思索が辿る長い道のりや全体として見るのでなければ意味をなさない些細な事柄の積み重ねなどで読者を患わせたくないということであり、また中途半端な作品ではなく、素材が思索によって選別されていて完成の域に達している著作[2]を読者に提供しようとしているのであれば、この表現はきわめて適切である。トクヴィル自身、このような執筆方法が多かれ少なかれ批判の対象になるであろうことは承知している。

こんにちでは、調査者の知的な誠実さが不可能なまでの事実の追求と同義ではないことは一般に認められている。しかし避けがたい選択性は研究者を困惑させるし、読者にとっても、このような選択性が筆者の関心のなかで事柄にある種の順位をつけていることにつながるので猜疑心をよぶことになる。トクヴィルは研究者の困惑は乗り越えたし、読者の猜疑心は事前に予測していた。『アメリカの民主主義』第一版の序文でトクヴィルは「本書は私の研究論文の筆法と同じだと考えずに読んでいただき、全体的な印象から判断してほしいと思う。私はこの本を研究論文のつもりでは書かず、きわめて多様な理由で執筆した[3]」と書いて、その点で読者の了解を求めている。現在では、マックス・ヴェーバーに始まってタルコット・パーソンズにいたるまで、学界では、さまざまな次元の価値の展開点的な要素として選択性の概念を取り入れてはいるが、それでもなお多くの研究者は読者にトクヴィルと同じような要請をしたいと思うはずだ。

（1）エミール・ブトミ『アメリカ国民の政治的心理要素』（Emile Boutmy, *Elément d'une psychologie politique du peuple américain*, Paris, Armand Colin, 1902）一一頁。

（2）このことは明らかにブトミの意見であって、ブトミは実際、トクヴィルの方法論を称賛している（同右、九～一五頁）。
（3）トクヴィル『アメリカの民主主義』（歴史校訂版、第一巻）一六頁。

Ⅱ　核心となる概念

好奇心あるいは関心の対象がなんであったにせよ、トクヴィルは理論を構造化し、あるいは観察結果や資料などの経験的なデータを組織化できるような核となる概念をつねに探し求めていた。その概念を示す用語は、核心となる概念や思想、源泉としての事柄などと変化しているが、基本的には変わらない。課題は支配的な思想や印象を明確にすることで、一見まとまりがないように見える一連の事柄に意味をもたせ、理論の構築の出発点あるいは知的構築の中心とすることなのだ。源泉となる事柄や核となった概念は構造化する要素であり二重の機能を有する。それは原因から状況へのつながりの発端を示唆して解説的な図式を提示するだけではなく、同時に理論展開と解説への導線となる。『アメリカの民主主義』第一部の序文はこの二つの機能のあいだに成り立つ弁証法を見事に表わしている。アメリカの社会に触れたトクヴィルは「社会階層の平等」が最も顕著な印象だったと述べている。[1]しかしそれはきわめて広範囲で多様な結果を生む事柄だった。それは「個々の事柄が派生する源泉としての事柄」で、すべての観察の「中心点」となりえた。[2] フランスとアメリカの比較は「法と風習の派生の原因が」両国で同じでありうる[3]ことを示唆していた。そこから生まれたのが著者トクヴィルが「核心的思想が各部を連結する」[4]と断定する著書である。こうして、源泉としての事柄が、資料の収集とその紹介を方向づける核心的思想を表わすことになる。

(1) トクヴィル『アメリカの民主主義』(歴史校訂版、第一巻) 三頁。
(2) 同右、三頁。
(3) 同右、一四頁。
(4) 同右、一六頁。

トクヴィルは多くの書簡のなかで核心的思想への関心に対する執着を示すかのようにこの問題について記している。[1] 核心的思想あるいは源泉としての事柄は、ひとつあるいは複数の事柄についてのある程度正確な概念化でしかありえない。それは発生源としての原因でありうるが、潜在的な理論の総体でもありうる。この点でゴビノー宛の書簡は示唆に富んでいて、書簡に先立つトクヴィルの著作との比較には得るところが多い。一八五三年トクヴィルは、ゴビノーの核心的思想は「唯物主義的理論の部類に属している」と思われるとして、その思想が実際「体質の必然性を個人に適用するだけではなく、人種と呼ばれる個人の集合体にも適用している」[2]からだと述べている。したがって検討されている経験的現実との関係が核心的思想を支配的な印象から理論に変えるのである。研究の発足当初であれば、核心的思想は観察の指針であり、仕事が完成していれば——ゴビノーの『人種の不平等について』がその例——、研究を方向づけた核心的思想は理論となっている。

（1）『全集』八巻所収「トクヴィルとギュスターヴ・ド・ボーモン往復書簡」（*Correspondance entre Alexis de Tocqueville et Gustave de Beaumont*, Paris, Gallimard, 1967）五〇頁と、同『全集』九巻所収「トクヴィルとアルチュール・ド・ゴビノー往復書簡」（*Correspondance d'Alexis de Tocqueville et d'Arthur de Gobineau*, Paris, Gallimard, 1959）一九九、二〇一、二〇四頁。
（2）同『全集』九巻、一九九頁。トクヴィルの下線あり。

Ⅲ　概念化と観察

トクヴィルの研究対象であるアメリカ社会の場合、核心的思想と観察の対象となった現実とのあいだにはどのような関係があるのだろうか。一九六三年にジャン＝ピエール・ペテールが提案したように、トクヴィルはアメリカで自分の問題に出会ったのだろうか。[1]ある程度まではそうだといえる。しかし、それはトクヴィルがその出会いを求めていたからだ。『アメリカの民主主義』第一巻に見られる多くの主題は、当時のフランスで論議の的であったものである。地方分権、地方自治体の役割、共同社会生活のさまざまな機能、法制上の陪審員の重要性、判事の特権、報道の自由、参政権の拡大などがそれだ。調査がこれらの方向に向かったのは偶然ではない。[2]より幅広くいえば、旧階級制度の廃止、新指導階級の形成、大衆の役割の拡大傾向、世論体制の新しい傾向などは、すでにアメリカ訪問以前、一八三〇年の革命以前にトクヴィルの念頭にあった。[3]それはトクヴィルの先輩たちが残した問題であり、トクヴィルだけが考えていたわけではない。多くの点でトクヴィルの著作は同時代の思想家、バンジャマン・コンスタン、ピエール＝ポール・ロワイエ＝コラール、そしてソルボンヌで彼の師であったフランソワ・ギゾー[4]などの著作に通じるものがある。

（1）『アメリカの民主主義』ペーパーバックス第一版序文（Paris, UGE Coll. «10 / 18», 1963）七頁。
（2）ジェイムス・T・シュライファー『トクヴィルの「アメリカの民主主義」の成立について』二七六頁。
（3）この点に関しては、メロニオ『トクヴィルとフランス人』二〇頁、R・ニスベット『芸術形態としての社会学』（R.Nisbet, *Sociology as an Art form*, New York, Oxford University Press, 1977）四八頁、J・T・シュライファーの前掲書、一四〇頁などを参照。
（4）シュライファーがそれを想起させている（前掲書、二七六頁）。

トクヴィルがボーモンと連れ立ってアメリカに到着したときには、現地調査の先達であったフーテ・ワイトのように、現地に到着してから調査対象を求めて数カ月間を過ごすようなことはまったくなかった[1]。それどころか、アンドレ・ジャルダンも指摘しているように「トクヴィルのアメリカでの調査の感嘆すべき確実さを見れば」――『アンシャン・レジーム』の下準備についても「十八世紀の史料の取り扱いについて驚くべき直感力をもっている」と同様の指摘がある――トクヴィルは「長時間、構想を練ってから仕事に取りかかっていた[2]」と考えられる。当時、トクヴィルもボーモンもまだ旅行作家にはなっていなかったし、ましてや観光客ではなかった。二人は現代の社会学者のいう「問題点《プロブレマティック》」について同意見であり、早々に視点を定めていた。概論を書くことではなく、ヨーロッパことにフランスでの政治的、社会的変化を念頭において、アメリカの法律、政治制度、風俗習慣との比較研究を行なうのが目的だった。アメリカの批評家ジョージ・ピアソンはこの点について、トクヴィルとボーモンがアメリカ到着当初に記したメモがすでに調査終了後に発表された著作を予想させると指摘している。[3]

（1）ウィリアム・フーテ・ワイト『街かどから見た社会』（William Foote Whyte, *Street Corner Society*, Chicago, University of Chicago Press, 1943, Réimpressions 1955, 1981, 1993. Trad. fr., Paris, La Découverte, 1996）。

（2）アンドレ・・ジャルダン『アレクシス・ド・トクヴィル、一八〇五～一八五九』四五七頁。

（3）G・W・ピアソン『アメリカにおけるトクヴィル』五〇頁。

この指摘は、行なわれた調査が作為的であり、はじめから結果が想定されていたという意味なのだろうか。トクヴィルとボーモンの現地調査を詳細に検討したピアソンは、随所に先入観に左右されたり、不用意に敷衍したりする傾向がみられるといっている。たとえば、二人がアメリカ滞在当初にニューヨークの住民を平均的なアメリカ人だとする、[1]よくある誤りをおかしている点だ。しかし同じピアソンはトクヴィルを称賛して「(『アメリカの民主主義』の) 二巻の章の基本的な主張や多くの実例は、すべてトクヴィル自身がアメリカの現地で行なった調査に基づいている[2]」ともいっている。

（1）G・W・ピアソン、『アメリカにおけるトクヴィル』、五二頁。

（2）同右、四三七頁。

トクヴィルは社会階層の平等をアメリカ滞在中に注目した「新しい対象」として紹介しているが、それだからといって、これがアメリカ滞在当初の数週間の調査の結果、あるアメリカ社会との接触によって得た核心的思想であるといえるのだろうか。それとも現地におもむく以前から考えていたことなのだろうか。ピアソンはこの点をとくに重要視せずに、トクヴィルが「知覚の順序を入れ替えただけで」、文学的な効果をねらったのだ[1]としている。アメリカでの発見は、実際には、長期にわたる知的成熟の結実であった。現地調査の目的は、したがって、すでに定まっていた思想を確認し説得力を増すような実例としての資料を収集することと以外にはなかった。であれば、トクヴィルの作家としての衒いだったのか。それとも政治評論家の機転、あるいは未来の政治家としての気配りだろうか。ある程度まではそうかもしれないが、いずれにしてもたいした問題ではない。アメリカ訪問のはるか以前から、トクヴィルはプチブル的な均等化に向かうのが社会の全般的な趨勢だという考え方を熟成させていたし、付き合いのある範囲でも、同じように考える風潮があった。当時アメリカの事情はまだよく知られていなかったが、フランスでは革命の余燼が鎮まらないままだったのに反して、アメリカでは中産階級社会の自由で穏やかな形態ができあがりつつあると考えられていた。したがって、アメリカにはヨーロッパにみられる変遷の過程がより進んだ形で存在すると期待できた。しかし、それでも予備知識のあるヨーロッパ人が、当時のフランスの社会を念頭において一八三一年にアメリカを訪れれば、アメリカの社会階層の平等化に強い印象を受けて、それと気づかずに誇張してしまうことがあっても不思議ではなかった。こうして観察者がもつ強い印象に刺激されて、平等化が主要な研究テーマとして捉えられ、明確な認識を得るための事実だという印象をさらに強める結果となった。こうした基礎的な事実がまったくなかったからなのだ。

（1）G・W・ピアソン『アメリカにおけるトクヴィル』四五一頁。

Ⅳ　調査

アメリカ調査旅行は一部即席、一部体系的な計画だった。[1] しかしそれでも、トクヴィルが調査旅行の習慣を身につけて手順を整えるようになったのは、このアメリカ訪問のときのことだった。現場での調査や聞き取り、資料の収集などを組み合わせた研究調査のこの方法を、トクヴィルは英国、アイルランド、スイス、アルジェリアなど、その後に彼の知的好奇心の対象となった地域で一部ないしは全体をくり返し用いている。総合的な意図と調査研究に実際に用いられた方法という観点からみると、このアメリカ訪問は、訪問の理由であった刑務所制度についての調査も、その結果であったアメリカ社会の探訪についても、当時の特徴的な大規模社会調査[2]の状況に則している。しかしトクヴィルは生《なま》の事実、つまりそのまま何かを示唆するような事実をまったく信用していない。[3] そして先達であるモンテスキューや同時代人のマルクス[4]と同じように、まず調査した事実を組織的原理に基づいて体系化してから、明らかにしている。だが、それだからといってトクヴィルが当時としてはきわめて細心な調査者であったことに変わりはない。当時は間接的な情報や名士の証言で充分だとすることが多かったが、トクヴィルは、たとえば、アメリカの監獄に収監されている犯人に、独房にいることの影響について、単独で個人的に面談して調査することをつねに心がけている。[5]

（1）アンドレ・ジャルダン著の評伝（『アレクシス・ド・トクヴィル、一八〇五〜一八五九』八九頁）が、そのことを示唆している。

(2) フランソワーズ・メロニオ『トクヴィルとフランス人』三三頁、G・フェレオル編『社会学思想史』三九頁記載のミシェル・フォルセ／フランソワーズ・メロニオを参照。
(3) G・W・ピアソン『アメリカにおけるトクヴィル』四四七頁。
(4) このことは、ジャン＝ミシェル・ベルテロが認めている（『社会学の構築』一七頁。）
(5) アンドレ・ジャルダン『アレクシス・ド・トクヴィル、一八〇五～一八五九』一七二頁。

トクヴィルの調査旅行の習慣は具体的にはどのようなものだったのだろうか。彼はつねに数冊の帳面をもっていて、ときには想像を絶するような悪条件のなかで、あらゆる機会にノートをとっている。大西洋を横断するときにすでにアメリカ旅行にでかける同行者との会話を記録し、アメリカに到着すると、ただちに「すべてを聞き、見るようにした」と書き記している。ボーモンとトクヴィルは観察し、耳を傾け、質問し、大量の資料を読む。新しい体験、会話、断片的な情報など、すべてが入念に分析される。一八三一年五月十五日、ニューヨーク到着後数日して、トクヴィルがノートに記した「第一印象」はすでに田舎くさい社会、敬虔な国民、中産階級社会という三つの主題にそって整理されている。その三日後「大まかな指摘」として、熱狂的活動と、政府の意思の影響が明確でない半ば自治的な社会の印象が示唆されている。しかし、あらゆる種類の覚え書きが毎日、記されているのだが、全体的に混質的、断片的で、きわめて多様な主題を扱いながら、二人の旅行者の精神状態については何ごとも語っていない[1]。どんな考え方、どんな情報も、まるで失われるのを怖れるかのように性急にノートに記されている。これはこんにち、参加観察をさまざまな場面で行なっているあらゆる社会学者に通じることだ。

(1) これらすべてについては、G・W・ピアソン『アメリカにおけるトクヴィル』二八～五四頁。

トクヴィルは数種類のノートを使っていた。手帳の類は簡単なメモをいそいでとるときに使っていた。メモは略号でとったり、ときには英語、あるいは英語とフランス語を混ぜてとっていた。ここでもまた、現地調査をする現代の研究者は、あとで役に立つだろうと現場で熱心にノートをとる偉大な先達に親しみを感じるはずだ。その他により詳しいメモ用のノートもある。このメモは日時順やアルファベット順に整理されていた。アルファベット順のメモは日時が特定されていて、主題にそった項目に送るキーワードに連関している。これらの主題系の項目は数ページあるいは数行で、トクヴィルはアメリカ旅行の後にも習慣的にこの種のメモをとるようになっている。[1] 手帳には対談（面談）の報告や定期的な会談の計画、また数字を用いたメモ、参考資料のメモ、簡単にいえば読者に提供することになるはずの理論の経験的基礎となる材料をすべてメモしている。さらにこれに加えて、フランスにいる親戚や知人宛の書簡もコーパスに加えるべきだろう。トクヴィル自身、手紙を送った相手にフランスに帰国したときに使いたいから、保管しておいてほしいと依頼している。

（1）『全集』五巻のⅠ「シチリアとアメリカ旅行」（*Voyages en Sicile et aux Etats-Unis*）と五巻のⅡ「英国、アイルランド、スイス、アルジェリア旅行」（*Voyages en Irlande, Suisse et Algérie*, Paris, Gallimard, 1957 et 1958）参照。

さまざまな形式での面談は、トクヴィルにとって、貴重な情報源となることが多かった。もちろん、あらかじめ設定された対談であることもあったが、それよりもたとえば夕食会での会話が情報として有効だと思うと、話相手の言葉を几帳面に書き記している。また情報提供者と予想される相手については、面談のまえに質問事項を入念に準備していた。場合によっては、一連の質問事項が面談相手が執筆することになる論考[1]の構想になることもあった。トクヴィルはこうして集めた情報の利用には慎重だった。これらの面談で入手するデータの位置づけがそれぞれ異なることをトクヴィルは承知していて、たとえばアイルランドのカーローの司教との面談については、メモに「この話し合いの内容は（他の場合もそうだが）、ありのままの真実というよりもむしろ心情を示している[2]」と書いている。

（1）アンドレ・ジャルダン『アレクシス・ド・トクヴィル、一八〇五〜一八五九』一四七頁。
（2）『全集』五巻のⅡ（前出）一〇六頁。

調査にさいしては、原資料を優先していた。トクヴィルは現場で受ける感触以外の影響を排除する意図から、調査対象についての同時代人の著作はいっさい読まなかった。最終的に執筆にかかる段階で、はじめて補足的な資料の必要を感じている。トクヴィルは法制関係のテクストや歴史あるいは民俗学関係の著書、年鑑、統計資料などを参照して、最終的に原稿に手を入れる。のちになって確立され、現代の社会学者が愛用する質的な情報と数字による情報の区別に従って、トクヴィルの研究は主に内容を重視するものだったが、入手可能であれば数字による情報も疎かにはしなかった。事後に参照している資料は、現在判断できるかぎりでは、トクヴィルの思考に影響を与えてはいない。それはトクヴィルにとって、自分の主張を確認し裏付け、論旨を補足して、重要だと考える点[1]について詳しい情報をつけ加えるためだった。この段階で、トクヴィルは近い親類や友人の意見を頻繁に聞いていて、それも文体に関連することだけではなかった。エドゥアルド・ノッラが編纂した『アメリカの民主主義』の歴史校訂版には詳細な注が付けられていて、この著書の執筆がいわば文通による通信ゼミナールであったことを彷佛とさせる。「この表現は強すぎる」とエルヴェ・ド・トクヴィルが書いていると[2]「そんなことはない」とギュスターヴ・ド・ボーモンがいい[3]、エドゥワール・ド・トクヴィル[4]は「経済学者は、こういう言い方は不適当だと思うだろう」と機先を制する。こうして原稿はすべてトクヴィルが信頼するごく限られた仲間の批判を仰いで完成された[5]。

(1) G・W・ピアソン『アメリカにおけるトクヴィル』四三八～四三九頁とG・T・シュライファー『トクヴィルの「アメリカの民主主義」の成立について』九頁。
(2) トクヴィル『アメリカの民主主義』(歴史校訂版、第一巻)一一二頁。
(3) 同右、一一一頁。
(4) 同右、一三八頁。
(5) トクヴィルの友人であるルイ・ド・ケルゴレーの言葉と考えられる。この友人のトクヴィルへの影響は大きく、二人の書簡も出版されている(*Correspondance avec Louis de Kergolay*, in Œuvres complètes, t. XIII, vol. 1, Paris, Gallimard, 1977)。

最終的な試読を経て著書が上梓されると、トクヴィルは「これはなんとでも批判できる」[1]というが、その意図は誠実であり、気づかずにいる場合は別として「一度たりとも思想を事実に照合せずに、思想で事実を曲げようとしたことはない」[2]と記している。方法論的な留意事項として、トクヴィルはとくに重要だと思われる点や疑わしい点については、情報提供者をひとりに限らず「収集した証言を全体的に捉えて」[3]判断を下したと指摘している。そしてさらに一部の情報源については匿名にするよう心がけたとして、打ち明けられたことを「私の書類鞄から出すことはありえない」といっている。この点についいて「読者は私の言葉を信じるべきだ」[4]と書いている――もっともこういう言い方は、いまでは遠い昔の言葉になってしまっているが……。

（1）トクヴィル『アメリカの民主主義』（歴史校訂版、第一巻）一六頁。
（2）同右、一五頁。
（3）同右、一五～一六頁。
（4）同右、一六頁。

アメリカには一八三一年五月から一八三二年二月まで滞在している。その後、トクヴィルは一八三三年に英国、三五年にアイルランド、三六年にスイスに旅して、アメリカ旅行当時の「疲れを知らない調査者」、細心の観察者でありつづけて[1]、どの土地でも片々たる観察に総合的な意味を与える核心的な事実を求めていった。一八三六年に滞在したベルヌでは次のように書き記している。「州があってスイスという国はない。小国（中略）周辺国にとって攻撃する利点がない。自国内で争いを起こす利点もない。それもこれも政府不在に耐えられる理由になっている[2]（後略）」。一八四〇年にアルジェリアでの調査旅行の準備をしていた時点で調査の方法は完成されていた。現地調査に先立つ資料の検討はしているが、論争にかかわる出版物は無視して、公式の文書だけを取り上げている。これらの資料を分析して、トクヴィルは風俗や社会制度の特徴について簡単なメモをとり、手慣れた手法でより精細[3]な総論を書いている。

（1）アンドレ・ジャルダン『アレクシス・ド・トクヴィル、一八〇五～一八五九』三二一頁。
（2）『全集』五巻のⅡ「英国、アイルランド、スイス、アルジェリア旅行」一七五頁。
（3）同右、三〇八頁。

『アンシャン・レジームとフランス革命』の執筆当時には、資料の扱い方を完全に把握していた。ここでもまた核心的思想を当てはめて研究を方向づけている。それはフィリップ美王の法制にさかのぼるフランスの中央集権の早発性と国内の社会構造への影響についてであった。実際には、フランソワーズ・メロニオも指摘しているとおり、この著書は精神構造の歴史という新しい史観を示していた。最古の時代についての研究は他に比較して少ないが、十八世紀に関する研究は「現場の人間の鋭い洞察力を示していて、過去に照らして現在を観察し巧妙に行政の秘密を暴きだしている」[2]。この点に関して、当時の土地台帳と一七九〇年に憲法制定議会が作成した所領原簿とをはじめて比較したのはトクヴィルだった。トクヴィルは全国規模でこのような比較を行なえなかったため、トクヴィルが所属している教区とその周辺で実現した[3]。新世界の探険者の資料の精確さについての配慮は、のちになってトクヴィルが歴史哲学の方向に向かうようになったと思われたころにも、生きつづけていた。

（1）フランソワーズ・メロニオ『トクヴィルとフランス人』一三〇〜一三一頁。
（2）同右、一三一〜一三二頁。
（3）アンドレ・ジャルダン『アレクシス・ド・トクヴィル、一八〇五〜一八五九』四六一頁。

V　方法論

研究方式を検討することから方法論が浮かび上がる。ここでもまた複雑に絡み合う事実を整理し、指導原理を選んで組織化することが課題である。

アメリカ滞在中のトクヴィルとボーモンの行動を分析すると、資料収集についての原則的な研究方法が明らかになってくる。出発点では観察された事実がある。ニューヨークで二人は社会がそれ自体によって機能する光景に接し、政府の影響の痕跡がまったく見られないことに驚いている。最初は純粋に視覚的な印象で、たとえば表面的には公的権力の介入が見られないということがある。しかし住民と接触することでその印象が強くなる。官吏が特別な敬意の対象になっていないのだ(1)。自己統治された社会という概念がすぐに明確になり、明らかに研究のひとつの方向を提供する。その後の観察の結果も、先の結論と矛盾することはなかったようで、『アメリカの民主主義』第一巻に総合的な命題として「アメリカ各地を訪れるヨーロッパ人にとって最も強く印象に残ることは、ヨーロッパで政府あるいは行政機関と呼んでいるものが欠如していることだ(2)」と記されている。このような形で政府の欠如が記されていて、さらにそれに補足がつづく。「アメリカでは目の前に法が書き記されているようにみえる。法が生活のなかで適用されているのだ。すべてが動いているのだが、エンジンが見えない。社会という機械を指導する手は、見えることがない(3)」。この見解は最終的には権力の細分化というより一般的な概念に辿り着く。法はアメリカでは「断定的な言葉を使う」が「法を適用する権利」は多くの手に分割して委ねられている(4)。そのことについての次のような説明が示唆されている。アメリカの革命は自由という嗜好に秩序と合法性の嗜好を合わせた。こうしてアメリカでは「社会の権力をその原則において攻撃して、社会のさまざまな権利に対して抗議することはまったくなく、権力の行使の段階で分割するにとどまった。

そうすることによって権威を大にし公吏を縮小して、社会が正常に調整され自由が保持されるようにした[5]」。ここにはすでに別の場で展開されるはずの概念が浮き彫りにされている。すなわち民主主義は樹立にさいしての諸条件によって、自由にいたるか、あるいは権威主義にいたるかに分かれる、という考え方である。明らかにどのようなシーケンスにおいても暗黙の比較は否定しがたい役割を果たす。トクヴィルとボーモンがニューヨークの街路を往来するのであれば、当然比較の対象になるのはフランスの社会だ。アメリカでは「秩序を愛すること」は「圧制者の好み」と合致することはなく、「自由の崇拝」は「人間の法を軽視すること」を意味しないが、たぶん「徳」には結局「精髄」がないのかもしれない。もちろんこの段階で研究の方向が分岐して、どのような政党制が権力の細分化と合致するのかを問うことになる。行政の集中排除は政治権力の集中化排除と同時に進行しうるのだろうか。ここでわかることは、日常生活や人間個人のあいだの（インターパーソナルな）関係の形態から社会制度の機能に関連する仮説に移っていっていることだ。現代的な表現を用いれば、研究者はミクロ、メゾ、マクロ社会の諸要素を考慮して、最終的には総合的なアプローチに統合する。そこでトクヴィルは言うのだ。「私は細かいことはあまり言わないが、その代わり確実だ。私はそれぞれの対象をあまり明確には識別しないが、一般的事実はより確実に捉えるであろう[6]。」

（1）アンドレ・ジャルダン『アレクシス・ド・トクヴィル、一八〇五～一八五九』一一二頁。
（2）トクヴィル『アメリカの民主主義』（歴史校訂版、第一巻）五六頁。
（3）同右、五六～五七頁。
（4）同右、五七頁。

（5）同右、五七頁。
（6）同右、三一〇頁。

一連の観察は全体の解釈につながり、全体の解釈はアメリカ社会の諸側面を説明する統一原理を明らかにすることを目指す帰納的理論を生み出している。民主的意思は形式的合法主義および秩序志向に結びついて、権威を損なわずに制限することを目指す制度的手段を示唆する。現代の一部の社会学者は、この点に関して、システム効果を想起するだろう。というのは、たとえこの用語を避けるとしても、そのような効果であることに変わりはなく、社会的な現実の要素は他の要素を内包していて、モンテスキューの分析のように「体系《システム》を形成する」。分析はこの場合、厳密に行なわれる。頻繁に用いられる方法は、相似点と対照性を実証して明らかにする。たとえばアメリカの連邦形成に関して、トクヴィルはアメリカが連邦国家の唯一の例ではないと説く。当時のヨーロッパではスイス、帝政ドイツ、オランダなどの国が連邦であるか、あるいは、かってそうであった。

トクヴィルは「これらの国の憲法を研究すると、驚いたことに憲法が連邦政府に与える権力は、アメリカ政府に連邦憲法が与える権力とほぼ同じである[1]」と書いている。トクヴィルはさらに他の国では連邦政府の力が弱いのに反して、「合衆国の政府は厳正にしかも迅速に対処している[2]」とつけ加えている。結論として、アメリカ合衆国の憲法は「一見、特別には見えないが、その影響が深部に及ぶ新しい原則を打ち出している」といえる。実際、アメリカ以外では、連邦を構成する州は、それぞれが連邦法制の適用をみずから監視する主権を擁している。アメリカの場合はこれと異なる。各州は連邦政府がその法の執行を保障することを了承している。「いずれの場合も同じ権利で、異なるのは権利の行使についてである。しかしこの相違の結果は重大だ[3]」とトクヴィルは結論している。

（1）トクヴィル『アメリカの民主主義』（歴史校訂版、第一巻）一一九頁。
（2）同右、一一九頁。
（3）同右、一一九〜一二〇頁。

類似性と相違を交互に推す傾向は、調査のさまざまな段階にみられる。人民の主権行使をどのように検討するのか。トクヴィルは、最初から連邦レベルで考えるのは「障害の多い道を辿ることになる」と推定する。「現在アメリカ合衆国を構成している州では、制度の外観はすべての州に共通の様相を呈している」のだから、そのような研究を行なう必要はない。だがしかし、ニュー・イングランドの行政区や選挙区の制度をまず検討するのが妥当だと思われる。その理由はつまり、それらの区域での機能の原則が「他所と比較して発展が著しくまたその影響もはるかに大きい」ので、「いわば凹凸が明確になっていて外国人にとって観察が容易である[1]」ことだ。この調査は詳細に行なわれたが、それでもふたたび合衆国全土に立ち戻る必要がある。「連邦を構成する州のうちに、ニュー・イングランドの行政区とまったく同じ区域がないか」を確認しなければならない。「南に下がるにつれて、行政区の活動が鈍くなっている[2]。」この検証が新たな論理の端緒になる。民主的政府の最も純粋な形態がみられるのはニュー・イングランドとメリーランドの両州で、南部の奴隷州ではいまだに過去の不平等の余燼がくすぶりつづけているのだった。

（1）トクヴィル『アメリカの民主主義』（歴史校訂版、第一巻）四八～五〇頁。
（2）同右、六三頁。

実際には、再度にわたって類型論と比較論的なアプローチの兆しが見られる。因果関係の分析は結果論にすぎない。社会組織の原理が明らかにされて、トクヴィルとボーモンは、調査対象の社会に加えて、これらの社会と同じ原理で組織された社会についての影響を帰納的に明らかにしようとする。形式的合法主義と秩序志向に連携する民主主義は、宗教が規制として働いていることを示唆する。宗教に対する態度とキリスト教の諸教会の役割は、そこで合一性と非合一性のより幅広い原則を示すことになる。カトリック教会の司祭が「聖域」を出て行政に口を出すことがしばしばあった。このような場合、教会は社会制度として制裁された。しかし「合衆国でそうであるように」、司祭たちが政治から離れていくとたちまち対立は解消した。[1]

（1）トクヴィル『アメリカの民主主義』（歴史校訂版、第一巻）二二五頁。

合衆国での現地調査は、観察、帰納、類推の段階がつねに同じ順序で行なわれる研究のシーケンスを示唆している。[1] 観察＝オハイオ川は、経済活動の基礎が自由な労働であるオハイオ州と奴隷制度を維持するケンタッキー州とを分けている。オハイオ州では勤勉な活動がみられ、ケンタッキー州では投げ遣りで怠惰な態度がみられる。帰納＝「オハイオ川の左岸では、労働は奴隷制度の概念と混同されている。右岸では、労働は福祉と進歩に重ね合わされる。一方では労働が蔑視され、他方では称揚されている」。[2]類推の敷衍＝「奴隷制度は、民主的自由と啓蒙の現代にあって、もはや存続しうるような社会制度ではありえない[3]」。

（1）この問題については、G・W・ピアソン『アメリカにおけるトクヴィル』五二頁と四六一頁。
（2）トクヴィル『アメリカの民主主義』（歴史校訂版、第一巻）二六六〜二六七頁。
（3）同右、二七八頁。

同時代人からも後代の批評家からも、最も批判されるのは、明らかに類推の段階であった。トクヴィルは問題の多い経験的な論拠を性急に敷衍していると一再ならず批判された。

だがこのシーケンス全体が、トクヴィルの仕事を総合的に見た場合の鍵となっているのだ。この点に関しては、レーモン・アロンに倣って三つの要因を分析できるが[1]、その一方で、全体的な論理によって連携している。『アメリカの民主主義』第一巻は明らかに固有の社会を描写しているが、そこにはすでにトクヴィルの著作に頻繁にみられる比較と敷衍の意図が現われている。たとえば、アメリカの司法権の機能を解説して、トクヴィルは「あらゆる権力の源泉」であるが、「人民の意思によって」変更されうる憲法の存在と関係づけている。アメリカの憲法と比較してフランス憲法は「動かしがたい、またはそうあるべきだとされているが」、イギリスでは、議会が立法府であり同時に憲法制定機関でもあって、「憲法は……絶えず変更可能であり、あるいはむしろまったく存在していない[2]」。『アメリカの民主主義』第二巻では敷衍の意思がさらに明確にされ、理想的な型の民主的社会を分析しているが、それでも論旨のすすめ方はアメリカ経験とそれに基づく比較の可能性に偏っている。連合に関する記述がその一例だ。「新規の事業をはじめる場合に、その指導にあたるのはフランスでは政府であり、イギリスでは殿様だが、合衆国では組合がその任にあたっていると考えていただきたい。[3]」『アンシャン・レジームとフランス革命』は、特定の歴史上の危機の解釈を提示するだけではなく、長期にわたる社会変革の理論を示している。この理論は、中央集権、諸種の自由の規制、公生活の枯渇など、問題になっている理想的な型の構成にいたったファクターの組合わせを明らかにする。三つの場合はいずれもその方法論の基盤を当該の社会とそれと不可分のメンタリティーの構造的特徴を関連づけることに求めている。

（1）レーモン・アロン『社会学的思考の諸段階』二五二頁。
（2）トクヴィル『アメリカの民主主義』（歴史校訂版、第一巻）八二頁。
（3）同右（歴史校訂版、第二巻）一〇三頁。

Ⅵ　理想＝典型的過程

『アメリカの民主主義』の第一巻から第二巻にかけて、トクヴィルは明らかにアメリカ風俗の研究から、より一般的な民主主義社会の文化の紹介に移行している。[1] だが、そのことはすでに第一巻で明確に予告していて、序文で次のように説明している。「私がアメリカを調査したのは、当然ともいえる単なる好奇心からだけではなかった。私たちに役立つ教訓を発見したかったからだ。（中略）私はアメリカでアメリカ以上の何かを見たといわなければならない。私は民主主義自体の像、その傾向、性格、偏見、熱情の像をさがし求めた。私はアメリカを知りたいと思った。私たちがアメリカについて期待すること、あるいは怖れることを知るためだけにも。[2]」発見された対象の裏に構築された対象があることを、これほど明確に表現することはできない。[3] しかし話題が広がりすぎて第一巻との開きが大きくなり、第二巻の読者のなかには戸惑いを感じる向きもあろうことは否めない。アメリカ合衆国についての論文を期待していたのが、民主主義論を読むことになるのだ。この形式は誤解を招きやすいと思われる。

（1）フランソワーズ・メロニオ『トクヴィルとフランス人』八七頁。
（2）トクヴィル『アメリカの民主主義』（歴史校訂版、第一巻）一四〜一五頁。
（3）フランソワーズ・メロニオの記述による（『トクヴィルとアメリカ人』八五頁）。

理想的典型の概念がマックス・ヴェーバーによって後に明らかにされて、『法の精神』を典拠として総合的に捉えた社会形態の姿と、それと対象的な典型を組み合わせる理想＝典型的過程がより明確に把握されることになる。理想的典型は根底にある理論的展望に連動して、意図的に一部の特徴を強調する。トクヴィルでは、平等の核心的思想が貴族階級対民主主義の対立を系統的に強調して、民主主義社会の理想的典型をつくり上げている。ジャン＝クロード・ランベルティも指摘しているように、この対立は『アメリカの民主主義』上下二巻を合わせると百回以上も言及されている。[1] トクヴィル自身「民主主義が混入していない貴族階級と、貴族階級が混入していない民主主義という両極をしばしば取り上げざるをえない[2]」と述べているほどである。理想的典型が経験的な現実に純粋な形で存在しえないのはいうまでもない。そしてこのことは人間の全生涯を通しての探求を照らす光でもある。ヨーロッパでは社会階級の平等化が進展しつつある。しかしヨーロッパ社会はどの地域でも、程度こそさまざまだが、貴族的形態と民主的形態とを混在させている。ときには両者が相互に距離をおく形で、いわば中間的な形態になっていることさえある。アメリカ調査の狙いはしたがって、純粋な典型にできるだけ近づくことが可能だという限りにおいての像を私たちに提供しているにすぎない。たしかに合衆国は貴族階級的な遺産を一部にふくんではいる。それはイギリスの遺産が主であり、フランスの遺産がそれに加わっている。

（1）ジャン＝クロード・ランベルティ『トクヴィルと二つの民主主義』（Jean-Claude Lamberti, *Tocqueville et les deux démocraties*, Paris, PUF, coll. <Sociologies>, 1983）四〇頁。
（2）未刊、ランベルティが前掲書四〇ページに引用。

当初の移民についてトクヴィルが見ているように――この指摘は『アンシャン・レジームとフランス革命』の歴史的研究を先取りしている――、「出発点が彼ら自身の内にだけあるような社会を築くのは、彼らいかんにかかっていることではない[1]」。しかしアメリカ社会が「民主主義社会の端的な形態」に基盤をおいていることから、民主主義の理想的典型[2]に近い形態を発見できると期待できた。アメリカの図式を検討してから、トクヴィルの過程の論理ではケースを拡大して――それが『アメリカの民主主義』の第二巻となる――ヨーロッパに目を向けることになる。そこでは「アメリカ社会に君臨していたのと同じ民主主義」が「権力の座に向かって速度を増して進んでいる[3]」ように見えていた。同じ理想的＝典型の論理は、フランスの民主主義＝革命の図式を区別したのちに、王政中央集権の核心的事実を出発点とするこの典型の創造の過程を検討することを示唆している。

（1）トクヴィル『アメリカの民主主義』(歴史校訂版、第一巻)三六頁。
（2）ジャン＝クロード・ランベルティ『トクヴィルと二つの民主主義』四一頁。
（3）トクヴィル『アメリカの民主主義』(歴史校訂版、第一巻)三頁。

貴族的理想の典型に対するトクヴィルの著作に現われている民主主義の理想的典型は、普遍的給与制に基づいている。ここに先行の時代に比べてまったく新しいトクヴィルの特徴がある。[1] 民主主義社会の特徴である平等は、社会的な流動性を促進すると同時に、平等主義的なメンタリティーを生む。このようなメンタリティーは流動性への期待がない限り抑制できない。かつての有機的な場が崩壊して個人主義が勃興し――個人主義という言葉は当時は新語だった――、私生活の圏内に閉じこもる傾向がみられるようになる。偉大さの理想が物質的な安楽さを求める気遣いに変わっていく。公務の中央集権的な傾向と機能の範囲拡大が程度の差はあるが見られるようになる。[2]

（1）この点については、現在ふたたび問題となっているが、この現象は新たな社会変革の予兆ともいえる。ロベール・カステル『社会問題の変容――賃金生活者の記録』を参照。
（2）この点については、レーモン・アロン『社会学的思考の諸段階』二五六〜二六〇頁と、ジャン＝クロード・ランベルティ『トクヴィルと二つの民主主義』四二〜四六頁。

Ⅶ　方法と説明

核心的思想として階層間の平等を主張したことで、トクヴィルは単一因果論に与《くみ》していると疑われた。(1)これに対してトクヴィルは精力的に闘い、次のように記している。「私としてはこのような絶対的体制を憎悪する。それは、この体制が歴史上のあらゆる事件を運命的な鎖で相互に結びつけられた形で偉大な第一原因に依存させてしまい、人類史上の人間存在のすべてが、いわば抹殺されてしまうからだ。(2)」実際には、いま概要を述べた理想＝典型的過程は、あらゆる単一因果論的決定論を排除する。民主主義の理想的典型は、経験的現実にあい対峙して、複数の変形をみせる。そしてそれらの変形のうちに行為者の戦略が見出されるのである。フランスの貴族がカスト化していったのに対して、イギリスの貴族が売爵貴族を受け入れたことを見過ごしてはならない。またイギリス国民が平等なき自由を受け入れたことも同様である。トクヴィルは貴族階級の凋落を不可避だとみていた。しかし民主的社会への移行の道は多様であり歴史を造るのは人間である。たとえば、十八世紀末にフランスの知識人が果たした役割を物語る社会の特殊な構図(3)がその例である。当時の状況では、啓蒙時代の哲学者が「理性」の教示に従って、社会を再建する意欲と希望をもったことは人間として理解できることである。トクヴィルが描いた状況全体を考慮すれば、レーモン・ブドンもいうであろうように、彼らがとった態度(4)には「充分な理由」があったといえる。もちろん『アンシャン・レジームとフランス革命』で用いられたプロセスがそのことを充分に示してはいるが、トクヴィルは「人間の日常では良心のごく一部しか動かされない(5)」と信じていた。いま、たしかに、このことの意味を再構築する必要がある。しかしトクヴィルが誰よりも早く開発したのは、人間の自由に場を与える解説の図式のなかに行為者の申し立てを挿入できるような——

その申し立ては彼ら自身のものであると同時に、私たちが彼らのものだとする申し立てでもある――論理の運びであった。

（1）フランソワーズ・メロニオ『トクヴィルとフランス人』二八一頁。
（2）トクヴィル『回想録』八四頁。
（3）レーモン・アロン『社会学的思考の諸段階』二四九頁。
（4）レーモン・ブトン『公正と真実』（Raymond Boudon, *Le juste et le vrai*, Paris, Fayard, 1995）一七九～一八三頁。
（5）フランソワーズ・メロニオ『トクヴィルとフランス人』二九三頁。

第三章　トクヴィル、賢明な比較論者

I　理想型と比較分析

トクヴィルは、社会の現実をさまざまなレヴェルで考察する恵まれた才能の比較論者であり、体系的な比較に基づいた理論がトクヴィルの最も注目すべき独創性だとする研究者は少なくない。社会学的思想の始祖たちは誰もが、このような研究方法は経験的方法論の変形を人文科学に応用することだと感じたであろう。しかし、そのなかでもとりわけトクヴィルは、比較論的社会学者としてこんにちに残っている。(1) 対照性を明らかにする理論がトクヴィルの方法論の核心にあるのは、それが前章で述べた理想的典型を求める方法に密接に結びついているからだ。本来、民主主義の理想的典型は、比較の積み重ねの結果である。しかし、経験的に観察できる純粋な型の変形やそれらの変形にいたる社会変革のさまざまなプロセスに目を向けると、必然的に比較分析が不可欠になる。オーギュスト・コントが産業を、カール・マルクスが資本主義を、近代社会の一般的特徴として明らかにする方向に引き寄せられる形で理論を進めたのに対して、政治の世界に自律性を与えると、多様な政体それぞれの特徴、またそれらの特徴を生み出した社会的状況《コンテクスト》と歴史的状況との比較検討が、当然のことになる。社会的政治的変遷についてのトクヴィルの考え方は、個人的集団的行為者の戦略に目を向けていて、比較論的な研究方法につながって当然なのである。

(1) レーモン・アロン『社会学的思考の諸段階』二二三〜二二四頁、ミシェル・デュボワ『社会学的思考の基礎』一七頁、ミシェル・フォルセ/フランソワーズ・メロニオ『社会学的思考の歴史』四四頁など。
(2) レーモン・アロン『社会学的思考の諸段階』二二三〜二二四頁。

トクヴィルにおいては、体系的な比較は解説の手立てである。それは最も一般的な原因から個別の原因まで、さまざまな原因のそれぞれに固有の場をつくりだす方法なのだ。実際には、比較分析は核心的思想を支え、その点からいうと、『アメリカの民主主義』の二巻と『アンシャン・レジームとフランス革命』は単一の作品のそれぞれに独立した三つの部分を越えて、同一の研究の真の意味での三つの段階なのである。アメリカ社会の探訪はフランスでの経験に基づいていて、そのフランスの特異性についての考察はアメリカの現実に触れてさらに深められる。分析にいたる道を開く核心的事実は、周知のとおり、「階級間の平等の漸進的な発展(1)」である。それは貴族階級=民主主義の典型的理想の対立を生む。

(1) トクヴィル『アメリカの民主主義』(歴史校訂版、第一巻) 一六頁。

トクヴィルは純粋貴族の典型に近い歴史上の実例を求めて、十一世紀のフランスに着目した。封建制(1)と呼ばれる「人間関係の新しい仕来たり」が生まれたのはこのころのことだった。少数の家が土地を所有して住民を支配する。指揮権は土地の遺産相続にともなって代々継承される。このような封建社会では、法律も社会的コンセンサスも王の権力に厳格な限界を設けることはなかった。だがカロリンガ王朝の代々の王は、国を守る力が弱く「王の権威が急速に失墜したこともあって[2]」絶対的な王権をほとんど利用しなかった。王の権威は貴族階級の特権、裁判所の権威、同業組合の諸権利および地方の諸国の特権によって弱められていた。こうして社会的な環境が生まれて王権を制限するようになった。この制限の源泉が法律ではなくむしろ世論の状況と風紀であったからだ。このような状況のなかで、「市民の法は専制的であり、その風紀は放縦であった。王侯貴族には権利はあったが、すべてをなす能力も欲求も欠けていた[3]」。他方、名誉を重んじる貴族的な考え方は、個々人の抵抗力を著しく増大した。富と権力のきわめて不平等な配分を特徴とする当時の社会には、専制政治に対する強力な歯止めがあった。

(1) ジョルジュ・デュビー『戦争と農民』(Georges Duby, *Guerriers et paysans*, Paris, Tel / Gallimard, 1973) 一七八頁。
(2) 同右、一八四頁。
(3) トクヴィル『アメリカの民主主義』(歴史校訂版、第一巻) 二四二～二四三頁。

トクヴィルは、その後、純粋民主主義の典型に最も近い歴史上の実例をさがしているうちに、彼の目には階級間の平等がほとんど完全に実現されていると写ったアメリカにそれを発見した。貴族的な価値が支配的な社会にみられる状況とは対照的に、アメリカでは相続法が父親の財産をその子供たち全員に平等に分配するように定めていて、平等主義が完全に実現されていると思ったのだ。この法の直接的な結果は所領の細分化だが、トクヴィルはそれよりも間接的な結果のほうが重要だと考えて、家族的な意識と所領の保全との関係が完全に断絶している点を重視した。つまり、この相続の形態は不動産資産の継承が家系の連続性の具体化ではなくなったことを示しているのだ。これは家族精神自体が個人主義に変わることを意味する。家族的な伝統が共通の資産という裏づけを失った結果、家族という概念の現実性と影響力が消えて、個人的な志向がそれにかわる。また長期的な展望よりも、目の前の現実が重視される。相続法によって、家族は従来の所領を維持できなくなったばかりではなく、維持しようという意欲さえ失う結果になった。相続法の影響は一見したところよりもはるかに広範なものであった。それは資産の継承に影響を与え、ひいてはメンタリティーまでも変化させる。さらに、長期的には所領との関係を変化させることになる。このような型の社会では、財産は誰にとっても大きな魅力をもっているが、財産自体は「想像を絶する速度で流通している」[1]。

（1）トクヴィル『アメリカの民主主義』（歴史校訂版、第一巻）四二頁。

このような正反対の二つの型を念頭においたトクヴィルは、アメリカの現実のなかに民主主義の近似的な型が表われていると考え、その反対に、当時のフランスには二つの型の特徴を組み合わせた変化しつつある型があると見ている。フランスでも相続に関する新しい法制の影響が出始めていて、十九世紀のフランス人たちは当然それを感じている。影響は日常的な場面に見られて、社会状況にかなりの変化が現われていた。しかし、英国の財産継承に関する法制をいち早く廃止したアメリカにくらべて、変化の速度ははるかに遅かった。アメリカでは、相続に関する法の「破壊の作業」が「ほぼ完了していて」、「その主たる結果を検討することができる」[1]とトクヴィルは考えている。

（1）トクヴィル『アメリカの民主主義』（歴史校訂版、第一巻）四二頁。

民主主義の純粋な型に立ち戻ったトクヴィルは、その型のさまざまな変形はとくに考慮せずに、帰納的に論を進めて、平等が必然的に政治を含むあらゆる分野に広がるだろうと結論している。「であれば、私には、政治の世界に平等が確立するには、市民ひとりひとりに権利を与えるか、まったく誰にも権利を与えないか、の二つにひとつの方法しか考えられない」とトクヴィルはいっている。アメリカと同等の平等を達成した国民にとっては、「すべての人の主権とひとりの人の絶対権力との中間項を見出すのがきわめて困難になる」。平等への情熱は自由への情熱より激しく、両者を同時に保障できる条件は必ずしもつねに一致するものではない。民主主義社会はその平等主義的メンタリティーのゆえに自由を失う危険にさらされている。[1]

(1) トクヴィル『アメリカの民主主義』(歴史校訂版、第一巻)四四～四五頁。

階級間の平等に向かうフランス型の歩みでは、専制主義の危険が現実にあるとトクヴィルは推定している。アメリカの典型的な例を検討して、トクヴィルは、フランスの場合とは逆に、平等主義が自由の毀損を防ぐ一連の要素を発見した。まず、民主主義社会の維持を促進する特別な状況、トクヴィルのいう付帯的または幸運な原因がある。それは無限の可能性をはらむ広大な領土、大きく広がる豊沃な大地、紛争の原因となりうる隣国が存在しないこと、国の主要な活動を集約する大都会の欠如、全般的な繁栄などである。[1] その他の好条件は機構制度のなかにある。州の連合としての連邦制によって、連邦内の各州はそれぞれの特性を維持しながら、国外に対しての安全、広大な経済圏内での通行の自由と財の移動の自由など、国家が提供する利点を享受することができる。厳密な市町村制度は行政参加の道を開き、参加を促進して、地方レヴェルで専制主義と多数派の横暴を未然に防ぐ。また、司法権は「民主主義の行き過ぎを是正し」、「過半数の動向を[2]」調整して、政治活動の平衡を保つ要素として組織されている。慣習（mœurs）の状態が平等社会での自由の維持を保障する第三の要因である。トクヴィルは mœurs（慣習）という語を「旧来ラテン語の mores の意味とされてきた意味」で用いている。この用語は「本来の意味での慣習、つまり感情的な習慣といえるものにだけ用いられるのではなく、人間がもつさまざまな概念、人間のあいだに流布しているさまざまな意見、また精神の習慣によって形成される理念のすべて」に適用されうるものである。したがって、それは「ある民族の精神的知的状態のすべて[3]」を表わす。このような意味でのアメリカの慣習について、トクヴィルはピューリタニスムと宗教的感情を強調する。「民主的、共和主義的」キリスト教がメンタリティーに多大な影響を与えてはいるが、政治体制に反対することはまったくない。むしろ逆に、宗教と政治体制は完全に調和していて、宗教的精神が政治制度の機能を調整する役割を果たしている。こうして「法によってアメリカの国民はあらゆることができるが、宗教はすべてを考えることを妨げ、無鉄砲にすべてに手を出すことを禁じている[4]」。教育の平均的なレヴェルまた市民教育を取り入れた教育も、国民の自主性[5]を育む要因である。

（1）トクヴィル『アメリカの民主主義』（歴史校訂版、第一巻）二一六～二二二頁。
（2）同右、二二二～二二三頁。
（3）同右、二二三頁。トクヴィルは mores という用語が別途に考えられるべき諸法の意味を除いて、モンテスキューのいう esprit général（一般的精神）の意味をもっと考えていたようである。トクヴィルがこのような区別をしていたことは、おそらくルソーの影響がモンテスキューの影響と組み合わされていた結果であろう。

(4) 同右、二三七頁。
(5) 同右、二三六頁。

アメリカの民主主義の紹介とその安定性を促進する条件の記述は、陰に陽にフランスとの比較に基づいている。中央集権の中心都市の欠如、地方民主主義の勢力、キリスト教倫理の社会的政治的調整の役割などが、アメリカの現実とフランスの状況とを比較して目につく点である。トクヴィルは歴史を通じて両者の類似性を認め解説する。ヨーロッパの中世に自律的な村落共同体の先例があるとしていることなどがその例で、「古くからの教区構成の伝統は、かって封建制の体制の下にあった民族にみられる」と記している。[1] そして史料を検索して、アンシャン・レジーム当時の教区がどのように編成されていたかを調べるうちに、「きわめて貧しくしかも厳しく制御されていたこれらの共同体に」、アメリカの村落共同体のなかで発見し、自分が新世界に固有の存在だと考えた特性が備わっていることがわかって驚いている。[2] このことからトクヴィルは、共同体のこの二つの形態が「ひと言でいえば、生きている人間が死者に似ているといえるように」よく似ているのは共通の起源をもっているからだが、「その起源が封建制から遠く離れて、しかも完全に自律した形で唐突に移されて、中世の村落教区がニュー・イングランドのタウンシップ(郡区)になった」[3] といっている。

(1) トクヴィル『アンシャン・レジームとフランス革命』(Alexis de Tocqueville, *L'Ancien Régime et la Révolution*, *Œuvres complètes*, t.II, vol. 1, Paris, Gallimard, 1952) 一一九頁。
(2) 同右、一一九頁。
(3) 同右、一二〇頁。

アメリカの社会政治体制は、その誕生が特殊な状況のもとでのことだったにもかかわらず、ヨーロッパの過去の遺産である成因からなっていた。アメリカ合衆国では、革命なしで民主主義革命の結果がある、とトクヴィルは指摘している。十七世紀初頭にアメリカに移住した移民は、ヨーロッパでのように、他の政治体制と闘うことで民主主義の原則を獲得するのではなく、自由に思うままに打ち建てることができた。アメリカ合衆国では民主主義が、慣習の変化に応じて、平和裏に発達し、法に表わされた。[1] こうしてアメリカの体制は民主主義社会の推移を考える場合に理想的典型としての価値をもつことになる。トクヴィルには、基本的傾向は長期的にはどこでも変わらないと見えていて、「歴史を振り返ると、この七百年来、平等に寄与することのなかった大事件はまったく見当たらない」と記している。[2] しかし比較論的なアプローチによれば、社会的推移のプロセスのさまざまな変形の区別が可能になり、条件の漸進的な平等化のメカニズムがより明確に理解できる。そしてアメリカの実験の特殊性よりも、フランスの独自性が浮き上がってくる。

（1）トクヴィル『アメリカの民主主義』（歴史校訂版、第一巻）一四頁。
（2）同右、六頁。

Ⅱ　比較分析と対照過程

十八世紀と十九世紀のアメリカとフランスは、貴族的原則の衰退、イデオロギーの役割、階級間の平等と中央集権の関係という三つの点から比較できる。この点に関しては『アンシャン・レジームとフランス革命』にも『アメリカの民主主義』にも比較分析の要素がある。

（1）ネイル・J・スメルサー『社会科学における比較の方法』（Neil J. Smelser, *Comparative Methods in the Social Sciences*, Englewood Cliffs, NJ, Prentice-Hall, 1976）。

1　貴族的原則の衰退

十八世紀のフランスでは、一七八九年に大革命が勃発する以前に、すでに国政の原則は貴族的ではなくなっていた、とトクヴィルは評価していた。そして貴族階級は公務関係での役割とは釣り合わない特権を享受していた。「王国の中心部、しかも王座のほど近くに独特の力をもつ行政機関が形成され、この機関のなかでは新しい形であらゆる権力が集中し連合して、王の参事機関が形成される。しかしながら、この機関には独自の法制は存在しない。同様にして、国の行政はすべて唯一の機関が統括し、内務関係の業務のほとんどすべてが財務長官ひとりに任されていた。[1]」たしかに一見重要そうに見える役職には貴族が任命されてはいるが、それは「彼らの名誉がまだ保たれていた」からで、実権は彼らにはなかった。国家権力の道具である官吏は見栄えのしない役割を担い威信などなきに等しかった。「貴族は階級や富、あるいは知名度などという利点をもつことで、官吏に勝っていた。（中略）貴族は王侯を囲んで宮廷を構成し、船団を指揮し、軍を統率していた。彼らは同時代人の目に最も先鋭に写ることをしていた。[2]」しかし旧貴族の子孫たちが久しい以前から旧来の自由の守護者ではなくなっていて、国家にとっての最も効果的な奉仕者にはなっていなかった。さらに彼らは不思議なほどに自分たちの周囲の社会的政治的変革に気づいていなかった。「十八世紀になってもなお大貴族のなかに、州総督を名乗る者がいた」が、実権は代官が握っていた。だが「大貴族を州代官に任命することを提案するのは、侮辱行為だった。従来からの貴族のうちで最も貧乏な者さえ、州代官に任命されることなどは歯牙にもかけないことが多かった。州代官は彼らにしてみれば、闖入してきた権力の代表者であり、ブルジョワと農民の代表として政府に加わるべき新しき人だった。だがそういう人びとがフランスを治めていたのだ。[3]」

（1）トクヴィル『アンシャン・レジームとフランス革命』一〇八〜一〇九頁。
（2）同右、一〇九〜一一〇頁。
（3）同右、一一〇頁。

フランスでは、あらゆる面で凋落の一途をたどっていた貴族階級に代わって第三身分の平民が実権を握るようになった。擡頭するエリート階級を受け入れようとしない貴族カストの態度は、かえって、中産階級のみならず富裕な商人、銀行家、上昇気運の事業家、文筆家、学者などばかりか、小作農家、小規模店舗の経営者などまでも第三身分に参入させる結果になった。トクヴィルの分析によれば、こうして第三身分は貴族あるいは司祭以外のすべての人びとを集める階層化した社会集団を形成することになった。この集団は特権階級と競合しながらも、彼らの力を借りずに国のなかの国となっていった。同じ土地に二つの民族が形成されたが、「一方は、つねに勢力を新たにして人材を増していったのに対して、他方は、勢力を失うばかりで新しく獲得することはまったくなかった」[1]。しかし第三身分には封建制度の諸権利が認められていなかったことで、完全な解放にはいたらなかった。第三身分の社会的な同化の実現を阻むあらゆる条件が、個人と集団の欲求不満の衝突という形で整っていた。こうして、当時のフランスの状況は貴族的原則と民主的原則との対立から、貴族の凋落が必ずしも民主主義の決定的かつ迅速な実現につながらなかった。その結果、一七八九年の革命が生じて、その後数十年間政治不安がつづき、二つの政治的原則の抗争が絶えなかった。

(1) トクヴィル「一七八九年以前と以後のフランスの社会政治状況」(Alexis de Tocqueville, *Etat social et politique de la France avant et depuis 1789*, *Œuvres complètes*, t.II, vol.1.) 四四〜四五頁。

フランスにおける歴史の経過過程とは対照的に、アメリカ型の特徴は民主主義的原則の完全な勝利である。誕生まもないアメリカの共和制に残る貴族階級的遺産は、先に述べたように旧社会体制のさしたる抵抗もないまま、相続法の仕組みを一掃してしまった。この変革はきわめて短時間で成し遂げられた。トクヴィルはこの間の事情を『アメリカの民主主義』第一巻に記している。英国の財産継承関連法が廃止されてから、世代交代があり、土地が分割されるようになり、時を経るに従って急速に進んでいった。その六十年後の社会状況は大きく変わっていた。「かつての大地主の家はほとんどが一般大衆のなかに埋没してしまった。多くの大地主がいたニューヨーク州では、二家族だけがいまにも荒波に飲み込まれそうになりながら、やっと存在しているだけだ。かつての富裕な市民の子孫はいまでは商人か弁護士、医者などになっている。ほとんどが完全に忘れ去られた存在だ。世襲の階級と要職の最後の名残りが消し去られた」[1]。

（1）トクヴィル『アメリカの民主主義』（歴史校訂版、第一巻）四二頁。

2　イデオロギーの役割

十八世紀のフランスでは、二つの政体の原則の決着のつかない競争が大規模な混乱をまき起こし、社会階層は行政の一貫性を欠く在り方に直面する。文人たちはこのような状況のなかで、政治行政の世界でフランスでも他所でもかつて見られなかったほどの影響力をもつようになった。これらの文人哲人が提唱する政治体制はそれぞれ大きく異なっていたが、幅広い一般的な思想については一致していた。この思想は新しいものではなかったが、当時力を得てそれまでになかった説得力をもつようになっていた。この思想は「その当時の社会を支配していた複雑で伝統的な慣習を廃して、単純で基本的な規則に変える[1]」必要があるとしていた。当時の社会を律していた原則とはかけ離れた思想が知識人たちを捉えた理由は、想像に難くない。無秩序な制度とまったく存続させる理由のない特権とが維持されていることが知識人に改革をうながして当然だった。「過去の申し子である規則外れで奇妙な制度があまりにも多く、これまで誰も制度間の合一を計らず、新しい要請に合わせようとすることもないまま、効果を失ってなお延々と存続させる必要があるかのように思われてきた……（中略）、彼ら（知識人たち）は、当然、それぞれに自分の理性だけに照らして描いた新しい計画に沿って自分たちの時代の社会を再建するべきだと志向するようになった。」自由な政治活動が欠如し、政治の実務経験を欠いていた文人たちには「政治行政について一般的で抽象的な理論を考えてしまう傾向があった」。事実の複雑さについても、最善の改革を実施することの難しさについても、注意を払わず、「差し迫って必要な革命にはつきものの危険は彼らの考え及ぶところではなく、そういうことを予知することさえなかったのだ」。当時のフランスでは政治経験の欠如はほとんど一般化していたから、文人たちは尊敬の的であり好意的に受け入れられていた。フランス人がイギリス人のように「古い制度を破壊せずに、慣行に従って次第に考え方を変えていくようにしていれば、まったく新しい制度をこれほど簡単に考えつかなかっただろう[2]」。実際にはそういうことにはならず、思想的な論争が政治活動の代替となり、文人たちは当時の市民たちに多大の影響を与えた。「政治活動は荒々しく文芸の域に押しこめられ、文筆家たちが世論の指揮をとり、通常、自由な諸国では政党の長が占める地位に着くようになった。[3]」こうしてある種の「文学的政治」が展開され、あらゆる層に浸透して、抽象的な思考にはあまり惹かれない層にさえも広がっていった。「タイユ税の不平等な配分に傷ついた納税者は、誰もがすべての人間は平等であるべきだという思想に熱い思いを寄せた。隣家の貴族のウサギに荒らされた小規模地主は誰もがいかなる特権も差別なく理性によって弾劾されるべきだといわれているのに賛成だった。こうして公衆の怒りが哲学に変身した。[4]」逆説的だが、特権に対して厳しく異義を申し立てられていた貴族階級もこの動向に賛同していた。最も確実に貴族階級の利害と存在を脅かしていた理論が「彼らにはきわめて巧妙な知的遊戯だと思われた」のだ。彼らはこの理論に格好の暇つぶしを見出して、「あらゆる既成の慣習の不条理について達観した理論を展開しながら、心おきなく自分たちに対する免税措置と特権を享受していた[5]」。結局のところトクヴィルによれば、フランス国内の現行法と慣行のすべてを同時に系統的に廃止して、三階級の要求の総和に等しい政治的状況が一七八九年にできたことになる。この状況が潜在的な革命であることを指導的な行為者たちは意識しなかったが、そこにあったのは明らかに「世界に現われた最も大規模で危険な革命であった[6]」。

(1) トクヴィル『アンシャン・レジームとフランス革命』一九四頁。
(2) 同右、一九四〜一九六頁。
(3) 同右、一九六頁。
(4) 同右、一九六頁。
(5) 同右、一九六頁。
(6) 同右、一九七頁。

この点に関しては、トクヴィルが紹介するアメリカの政治は、フランスが大革命にいたった経緯の説明とは正反対である。そして『アメリカの民主主義』第二巻で提示される分析は、明らかにフランスとの対比に基づいていた。アメリカ人は一般的概念に関してフランス人よりも関心が薄く、「そのことはことに政治に関する一般的概念についていえる[1]」とトクヴィルはいう。たしかにアメリカ人は、トクヴィルによれば、イギリス人よりも法制について一般的概念を用いようとする。彼らは実践と理論の合一を心がけるのだ。しかし「アメリカ人が、十八世紀のフランス人と同じように、こぞってこの種の思想に熱狂したことはなく、いかなる理論についても、あれほど盲目的なまでに好意的でそれが絶対的な真実であるとしたこともない[2]」とトクヴィルはいう。このことに関して、トクヴィルはいくつかの理由があるとみている。まず最初は、社会の均等な民主化である。アメリカにはたしかに富める者と貧しい者とが存在する。しかしこの両極のあいだに中産階級、つまり「多数のほとんど同じような人びとがいて、彼らは富んでもいないし、貧しくもなく、秩序を望めるほどには財をもっているが、さらに大きな富に欲望を感じるほどにはもっていない⑶」。これらの中産階級にとって、革命の思想はほとんど魅力がない。革命が問題にしているのが、彼らには関係のない土地所有権だからだ。そのことからトクヴィルはアメリカでは「民主的な思想と情熱があり」、それに対してヨーロッパは「いまだに革命的思想と情熱をもちつづけている⑷」と結論する。トクヴィルはまた政治活動に実際に参加するという手段も重要な意味をもっと考えていて、そこから実践的な教訓を引き出し、民主的な人民が一般的概念にあまり深入りする場合には「実際的な立場でそれについて日常つねに考えるのが最良の匡正法であり、理論の細部を見るようになって、理論の弱点に気づく⑸」という。さらにトクヴィルは、宗教が社会において果たす役割も考慮するべきだと主張する。先に見たように、アメリカにおける宗教は民主主義的原理に反するものではなく、逆に推進する。その結果、宗教論争は政治論争と分離され、政治理論は宗教を標的にはしない。ヨーロッパでは、反対に、一部に封建的秩序が残存していて、キリスト教会（カトリック）が国の政治に直接関与するから、教会が世俗の事柄⑹について果たす役割が理由で攻撃されるが、このことは政治理論により一般的な趣きを与え、既成の秩序に対する異義申し立ての動きが先鋭化することがない。それがフランスの場合で、現代精神とカトリック教会の紛争は恒久的に存続するであろう。

（1）トクヴィル『アメリカの民主主義』（歴史校訂版、第二巻）三〇頁。

(2) 同右、三〇〜三一頁。
(3) 同右、二一一頁。
(4) 同右、二一四頁。
(5) 同右、三一頁。
(6) トクヴィル『アンシャン・レジームとフランス革命』八四頁。

3 平等と中央集権

総体的にいって、トクヴィルの考えのなかでは階級間の平等化と権力の中央集権化は、効果が累積する螺旋状の動きのように相互に強化されるべくある。このことは特定の歴史の段階で、双方のいずれかが第一原因であることを妨げはしない。しかしここでもまた異説が判別できて、アメリカとフランスの対比がその発端となっている。

ヨーロッパ各地での例に漏れず、フランスでも階級の平等化は、政治行政の原則の民主化の進捗と結びついてはいない。むしろその逆で、権力の中央集権化と国の特権拡大過程の後期に見られた結果であった。トクヴィルが執筆していた当時は、半世紀にわたってヨーロッパを席捲した革命と反革命の共通点が、二次的な権力を揺るがせた、あるいは破壊したという点だと考えられるようになっていた。階級、同業組合、個人からつぎつぎに剥脱された権利は二次的権力を再組織したり、新規に創設したりする役には立たなかった。王侯君主の手に権利が集中し、国家の権限が増幅され、個人に対する国家管理の範囲[1]が少なからず拡大された。かつての政治権力が不平等と特権の時代に設定されていて、制度が民主主義の要請に適合するようになったのは、革命の結果であった。しかし旧秩序に対する闘争を通して、革命家たちは、獲得した権力の中央集権的方法を適用したばかりでなく、逆に強化した。彼らは平等を認めさせるために自由を手にしようとしたのだったが、平等が実現されていくに従って、自由が新たに阻害されるようになっていった。革命的な専制主義が貴族の権威と王の権力[2]にとって代わった。フランスの筋書きは不安定な民主主義のそれであり、平等主義が自由な環境を促進するどころか、脅威となっていったのだった。

（1）トクヴィル『アメリカの民主主義』（歴史校訂版、第二巻）二五二頁。
（2）同右、二六二～二六三頁。

このようなフランスの状況に対して、アメリカは、ヨーロッパの識者の目には、逆説的だが、不平等の時代に獲得した自由の慣習を享受して、平等にとってより有利な状況の新しい環境にその慣習を移植した国だと写った。トクヴィルは、イギリスの貴族階級がもっていた個人の権利の概念と地域的な自由の慣習とをアメリカ人が借りたと説明する。この貴族時代の遺産は明らかに「彼らが貴族階級と闘う必要がなかったから」保ちえたのだ。アメリカ人は特定の特権に対して自分たちの土地で立ち上がる必要がなかったし、「目下と主人の相互関係の経験もなく」、そうした不満を君主に訴えて裁きを求める必要もなかった。[1]ここにはトクヴィルが好んで用いる考え方がある。民主主義の原則は、かつて封建君主が勝ち取った古くからの自由に根ざしている。トクヴィルがアメリカの市町村制度に示す関心はもちろんいうまでもなく現地での観察の結果ではあるが、次のような考え方の帰結であるともいえる。すなわち、アメリカの地方公共団体はトクヴィルには「二次的権力」あるいは中間的機関の概念に関与するものであり、それは嘆かわしいことにフランス版の現代性には欠けているものだ、とトクヴィルはいう。

(1) トクヴィル『アメリカの民主主義』(歴史校訂版、第二巻)二四八頁。この点についてトクヴィルは次のように指摘している。アメリカ人は「明らかに人間性にふさわしかった」。彼らは「民主主義の法則が必然的に人類の退化をもたらすものではない」ことを明らかにしたからだ。さらにトクヴィルはつけ加えて、この概念を明示したのは、「それが実際には私の著作のフランスだけに関係のある最後の諸章のなかに、もう一度アメリカを登場させる唯一の方法だったからだ」と記している。

Ⅲ 比較戦略

比較の手順として、トクヴィルは立論の論理を用いる。方法論としてとくに明らかに述べられているわけではないが、推論の筋道が文章化されて明瞭なので、それは容易に再現できる。比較は、イギリスとフランス、ドイツの農民とフランスの農民というふうに二項対比であることが多く、異なる結果を異なる原因に結びつけている。立論は、ライン地方あるいはオーストリアとプロイセンに対するその他のゲルマン全体というように、同一の総体のなかでの比較によってさらに説得力が強くなる。イギリスの農業というような第三項を加えることで、たとえばドイツ農民の身分とフランス農民の身分というような対照をより明確にすることができる。

三項目の比較は、現地でノートをとるときに自然に現われてくる。一八三六年スイスを旅したトクヴィルは、スイスの体制が当時連邦的であったので、すぐにアメリカとの比較を考えている。しかし制度と風習との比較では、まぎらわしい類似性のかげに隠れた差異を強調することになる。当時の州では、ほとんどの場合、個人の自由が完全には保障されておらず、裁判所の自律性の保障もなく、自治（self-government）は確立していないし、権利の尊重も完全には根づいていなかった。(1) トクヴィルの比較分析にはイギリスの場合を検討することで説得力が生じている。「全体として見ると、イギリス王国はスイス共和国よりもはるかに共和主義国家であるようだ(2)」とトクヴィルは書いている。結論は三カ国の風習を同時に見ることから浮かび上がる。「アメリカ合衆国を旅すれば（中略）共和主義政府以外には（中略）考えられない。同様に、イギリス人には自由な政府以外の政府の下では暮らしていけないと容易に想定できる。しかし、スイスの諸州ではほとんどの場合、暴力で共和主義憲法が破棄されてしまえば、短い過渡期を過ぎると、国民が自由を失った状態に馴れてしまうのではないかと危惧する。(3)」

（1）『全集』五巻のⅡ、トクヴィル「英国、アイルランド、スイス、アルジェリア旅行」一七五～一七七頁。
（2）同右、一七六頁。
（3）同右、一七七頁。

しかし三項目の比較は、また一方で――ここではイギリス、アメリカ、フランスでの召使いの身分について――、これから述べるように、外見的な異常についての隠れた理由を説き明かして、ことを明白にしている。

1　階級間の紛争

フランスにおける階級間の紛争の激しさとその革命的な結末を論理的に考えるトクヴィルは、「フランスについてだけ研究しフランスしか見ない者には、フランス革命を理解することはまったくできないだろう(1)」といいきっている。出発点として、彼はイギリスとの比較を取り上げている。トクヴィルは、イギリスの社会階級がフランスにくらべてお互いの連携が強く、相互にわけなく浸透していると指摘している。ヨーロッパ全土で、封建制度は旧貴族階級を出自に基づくカストに変えた。唯一の例外はイギリスだった。カストと貴族階級体制が同時に廃棄された。貴族と平民が、付き合い、同種の職を得、婚姻関係を結んだ(2)。貴族階級は開放的であるだけではなく、どこまでがその階級に属するのか定かではなかったから、「貴族階級と近づきになると誰でも自分も貴族だと考えることができた」。そしてこのことで、イギリスの中流階級は貴族階級と紛争を起こさず常に共にあることができた(3)。フランスでは貴族とブルジョワとの共同の行動は、十四世紀にまで遡らなければ見当たらない。中間的な権力が崩壊し、地方の自由が失われていくに従って、ブルジョワと貴族が公式の場で接触する機会がなくなっていった。十八世紀には両者は完全に離反した。トクヴィルはこの状況は爵位が維持されていてもまったく変わらなかっただろうと考えている。貴族を他の階級と分ける障壁はフランスでは容易に乗り越えられたが、それでも「固定され、目につきやすく、階級の外に残る者にとっては明らかで、忌まわしい印であり、それと見分けがついた(4)」。ブルジョワ階級は貴族と断絶していながら同時に庶民とも断絶していた。中流階級は大半が都会に住んでいた。農民とは住居が離れていたばかりでなく、生活様式と利害関係についても離れた存在だった。さまざまな特典が一方の虚栄となり、他方の羨望の的となった。「十八世紀を通じて、都会のブルジョワが郊外の農民に対してもつ敵意と、郊外の地域の都会に対する羨望ほど明らかなことはない。[5]」都会のなかでも同様に、ブルジョワと庶民のあいだに社会的な障壁が生まれる。ブルジョワ階級については、自閉的なグループに細分化して、利害の対立や席次の問題で紛争が絶えない。大革命以前のフランス社会がこのように細分化されていた理由をトクヴィルは再びイギリスとの比較に求めている。十四世紀にはイギリスとフランスの制度は非常に似通っていて、両者が異なった形になるにはまだ間がある。イギリスでは、中世の自由の維持と公共政策への貴族の断続的参加が、異なった態度を生んだ。見かけの権力だけではなく、現実の権力を維持しようと腐心する貴族は、他の階級との有和策をとらざるをえなかった。そこからとくに税負担の公平な割り当てが行なわれるようになった。トクヴィルはこの間の事情を解説して、「あちら（イギリス）では貴族が政権を維持できるように、最も重い税負担に耐えたが、こちら（フランス）では政権を追われたことの慰めとして、最後まで免税の特権を維持した[7]」といっている。英仏両国では、封建制度が適当に取捨選択され変形された。しかし英国では近代性《モデルニテ》の要素が暫進的に旧体制のなかに導入されて、体制が伝統的形式を維持しつつ活力を取り戻していったのに対して、フランスでは「中世の制度の一部を破壊して、それをさらに忌まわしいものにしてしまった[8]」。

（1）トクヴィル『アンシャン・レジームとフランス革命』九四頁。
（2）同右、一四七〜一四八頁。

(3) 同右、一五二頁。
(4) 同右、一五二頁。
(5) 同右、一五三頁。
(6) 同右、一五五〜一五八頁。
(7) 同右、一五九〜一六〇頁。
(8) 同右、一〇六頁。

2 農民層の相対的解放

トクヴィルはフランスの社会的変化の革命的様式を説明することについて関心を寄せていて、農民層についても深い関心を寄せている。比較論的展望を採るのはこれまでと同じだが、論述には英・独・仏三国と地方の特性が採り入れられている。ここでもまた、制度間に古くからある類似性がトクヴィルにとっては特記事項である。ヨーロッパ各地で、政治制度は驚くほどの類似性をみせている。各国が異なる道を選ぶのは後代のことだ。農民の運命が最も好転したのはフランスである。ドイツでは、大方の地方で、十八世紀末になっても奴隷制度が完全には廃止されていなかったし、土地に対する執着は中世とまったく変わっていない。他方プロイセンやオーストリアのように貴族の特権が大きく後退した地方でも、貴族階級は農地の管理権を保持している。十七世紀までに多くの点ですでに近代化していたイギリスでは——農村の住民は土地の主たる所有者によって管理され、統治されていた。また土地を所有する農民はほとんどいなかった。[1] 同じころのフランスの——大革命直前の年月——様子はまったく違っていた。奴隷制度の最後の爪痕はどこでもほとんど消え、「農民は自由に行き来し、売り買いし、交渉し、働いていた」。しかし農民はただ奴隷制度から解放されただけではなく「地主になっていた」[2]。これらの小地主には地益権を完全に切り捨てることができないという不都合があったが、「ヨーロッパの他の地域にくらべて領主の統括を大幅に免れていた」[3]。ヨーロッパでは、住民の統括は例外なく土地の所有に結びつく、という封建的原則がほとんどそのまま残っていた。その唯一の例外がフランスだった。トクヴィルはこの比較展望のあとで、他の地域にくらべてフランスでは封建的税制が軽減されていたのに、まさにその国で、当該の税が他国よりも堪えがたいとされ、怨嗟の的になっていた理由について疑問を提示している。この疑問に対して、トクヴィルは二重の答えを出す。まず、農民が地主になったということがある。地主になっていなければ、土地に対する税に関心をもつことはなかったろう。ここでもイギリスとの比較がある。地益権はイギリスでも存続していたが、イギリスの人びとはほとんど気に止めていなかった。第二点は、フランスの農民が完全に領主の支配を脱却していたことだ。貴族が田園地区の施政と管理をつづけていれば、国家の出先機関だと考えられたはずだ。その場合の保障の代償としての税を農民は受け入れただろう。しかし特権に権力が伴わなくなり、特権は重圧を増し、許容しがたくなっていった[4]。この理論の裏づけとして、ドイツとの再比較がある。十八世紀末には、通常の慣行に反して、農民が地主でフランスと同様の自由を享受している。ドイツの地方はライン流域で、「この地方には同時にフランスの革命志向がいち早く普及し、つねに活発であったが」「その反対にこのような志向が容易に普及しなかった」ドイツの地方では、「まったく異なっていた」[5]。簡単にいえば、このような比較分析の目的であり、中世の制度を廃止することを目的としていた大革命は、「前述の制度が良好な状態で存続し人びとに窮屈で厳しいと感じられていた地方ではなく、むしろ反対に、そういうことがあまり感じられない地方、つまりこのような重荷が最も耐えがたいと受け取られていたのは、その重荷が一番軽い地方だった」[6]。現代社会学では、次章でも述べるとおり、このようなプロセスを一般にはある程度の欲求不満だと解釈している。生活条件のある程度の改善は熱望することのレヴェルを上昇させ、期待された満足感ではなく、新たな要求を生み出してしまう。しかしトクヴィルが描くフランスの農民の態度は、地位の非合同結果とも解釈できる。フランスの農民の生活条件は改善されたが、見方によっては十三世紀よりも劣悪な条件であるように見えた[7]。

(1) トクヴィル『アンシャン・レジームとフランス革命』一〇一～一〇五頁。
(2) 同右、一〇〇頁。トクヴィルの下線あり。
(3) 同右、一〇二頁。
(4) 同右、一〇五～一〇六頁。
(5) 同右、一〇一頁。
(6) 同右、九九頁。
(7) 同右、一七八頁以降。

3　型と慣習

これまでに見たとおり、トクヴィルは純粋な型――貴族型、民主主義型――と、両極端の中間にある混合型――この型では純粋型の割合が変化しつつ、混合している――について理論を進めている。『アメリカの民主主義』第二巻では、生活条件の平等が慣習に及ぼす影響について述べている。これは、イギリス、フランスを含む新しい比較戦略の応用の機会だった。アメリカ、イギリス、フランスを含む比較の対象は召使いと主人の関係である。理論の出発点は、トクヴィル自身が「表面的で明らかだ」という事実の検証だが、実際には唐突な感じがする。十九世紀のイギリスは使用人の結びつきが最も緊密で、フランスではそれがやや緩やかで、その中間に[1]アメリカが位置する。トクヴィルは観察した事実を解決すべき問題として提示して、取り上げる型によって、それぞれの図式を順次分析する。

（1）トクヴィル『アメリカの民主主義』（歴史校訂版、第二巻）一五四頁。

貴族型の社会では――当時のイギリスではこの型がメンタリティーを形成していく――、召使いも主人も明確に定義されて安定した位階制のなかの階級に属している。貴族は精神的な創造の習慣によって人びとに影響を及ぼしていく。召使いの思想と慣習も主人に影響を与える。両者はともに双方で定められた規則を認めている。「従うべき運命の」人間は、「栄誉や徳、律儀さ、名誉について主人と同じような考えを抱くことはない」。しかし召使いの栄誉、徳、名誉についてはある種の考えをもち、そこから彼らの生活条件に独特の名誉が生まれる。[1]このように生活条件の恒常的な不平等が支配するところでは、服従は「即時、完全、丁重、容易」で、それは社会秩序が、一方の人間たちの遺伝的運命が命令し他方が従うことを意味するからだ。主人は主人以上であり、主人の階級の人格化である。服従の関係の安定性は数世代にわたってつづくことがよくあり、服従と司令の結びつきの域をでるものだ。主人と召使いはまったく似てはいないが、「時間の経過によって両者が結びつき、長くつづく共同体の思い出が両者を結びつける」[2]。

（1）トクヴィル『アメリカの民主主義』（歴史校訂版、第二巻）一五四～一五六頁。
（2）同右、一五五頁。

民主主義型の社会では、平等の条件は主人と召使いのあいだに基本的に異なる関係を生み出す。アメリカ合衆国にはこの点で観測可能な例がある。ただし奴隷制度が存在する南部は、比較の対象から外さなければならない[1]。北部、ことにニューイングランド州では、新しい型の社交関係が生み出された。旧体制内の不動の社会的資格が消え去り、位階制が残っても社会的な流動性を妨げない。召使いは、もはやかつてのいわゆる「別の人たち」ではなくなり、原則として主人になれることで主人と同格になった[2]。こうして、一方に与えられてきた命令する権利と他方の命令に従う義務は、単なる契約的な性格の協定になった。この契約の範囲内だけで一方が召使いで他方が主人であり、「契約の外では二人の人間、二人の市民」である。原則的平等が「彼らの条件の現実の不平等」を制するのだ。そしてこの新しい位階制の概念は、それが普遍的に普及している場合には、関係者それぞれの自分の位置についての考え方に大きく影響する。主人は実際に「自分の権力の唯一の源泉がこの契約だ」と判断し、召使いは同じくこの契約だけが主人の命令に服する理由だと考える。召使いに対しては契約を忠実に実行することだけが求められる。つまりかつてのような主人への忠誠心を期待されることはないのだ。トクヴィルは「民主主義の下で、主人と召使いの関係が乱れているのではなく、新しい形で整理されているのであり、規則は異なってはいるが、存在している[3]」と結論する。

(1) トクヴィルは南部を除外している(『アメリカの民主主義』歴史校訂版、第二巻、一五八頁)。
(2) トクヴィル『アメリカの民主主義』(歴史校訂版、第二巻)一五六〜一五七頁。
(3) 同右、一五八頁。

個人に明確な行動基準を提供する既成の二つの型の中間には、相互に矛盾する原則が競合していて、惑わされる中間的な型がある。トクヴィルはここで当時のフランスの状況を想起させている。法と一部の世論はすべての人の平等を宣言している。服従を正当化する理由として、生得の恒常的な劣等性を挙げることはできない。しかし主人と召使いの関係については貴族的な考え方と民主主義的な考え方のあいだで意見が分かれている。対立する主人と召使い自身、自分たちの意見に確信がもてない。「主人は内心ひそかに自分は特別で上等な種類の人間であると考えているが、言い出せないでいる。」一方、服従する者にとっても、服従は確実な基盤を失っていて「それがある種の神聖な義務だとは考えられないが、かといって純粋に人間の側から見ることもできないでいる」[1]。言い換えれば、服従という貴族的論理が完全に消えてはいない一方、契約という民主主義的論理についても完全な合意はないのだ。そのことから、一方に臆病さと頑固さを他方に意地の悪さと怨みをすべて混ぜ合わせた思いを引き起こす規範的な不安感が生まれる。理論展開のこの段階で、トクヴィルはさらに論を拡大して主人と召使いのあいだの戸惑いがちでしかも緊張した関係を示唆する。主人は「絶えず保護し給与を支払う義務を逃れようとし、召使いは服従する義務を逃れようとするが」、これは「誰もが自分が何者であるのかを知らず、なにができるのか、なにが義務であるのかを知らない」社会に独特な症状である。このような状況は民主的ではなく革命的である、とトクヴィルはつけ加えている。[2] そして一見、些末な事実の解説に始まっていることが、トクヴィル独特の奥深い直感につながっていく。すなわち、民主主義は革命の絶対的な結末ではないのだ。革命的な状況は、大きい不安感を胎んでいて、民主主義の未来にとって大いなる脅威を胎んでいる。

（1）トクヴィル『アメリカの民主主義』（歴史校訂版、第二巻）一五八～一五九頁。
（2）同右、一五八～一五九頁。

4 比較と方法論

総合的社会に関する比較や個人間の関係の形（インターパーソナル・リレーション）に関する比較では、トクヴィルの比較戦略はジョン＝スチュアート・ミル[1]の共変法に着想を得ている。トクヴィルが提示する比較論は、はっきりと自分にとっての疑問から始まる。ヨーロッパにおける貧困の地理的な分布が、トクヴィルにとってははじめは謎であったのがその一例だ。「最も悲惨に見える国は実際にはそれほど貧困ではなく、豊満な富を有するかに見える国の一部の住民たちは、生きるために他人の施しに頼らなければならないのである。[2]」この検証は、当時、唐突だと考えられたが、イギリスとポルトガルの比較の端緒となっている。ポルトガルは前産業社会のままであった。だが伝統的な連帯のネットワークに支えられていて貧困がほとんど目立たない。イギリスは産業革命の前衛である。だが保護の手がおよびにくい貧困が、産業生産が生む富の全体的な増加に必然的に付随して生じている。問題の根は旧体制《アンシャン・レジーム》の社会的な調整が断ち切られたことにあり、それがポルトガルとイギリスの対照的な状況から導き出せる結論でもある。この謎よりも論じられることが多いのは、当時のフランスの農民の態度である。自分たちの状態について、農民の不満がことのほか大きかったのがフランスであったのは一体どういうことなのだろうか。フランスを他国と比較することで、フランスの農民は当時の他の国の農民とくらべてそれほど悲惨ではなかった、というきわめて説得力のある解釈が一応まず可能になる。しかし次の段階で、系統的に検討すると、一見逆説的に見えていた理論の信憑性が増す。比較は主人と召使いといった周辺的な事実に照らしてみると、問題になっている社会の基本的特徴に立ち返ることができる。

（1）ネイル・J・スメルサー『社会科学における比較の方法』二四頁。
（2）トクヴィル『貧困論』（『全集』十六巻一一七～一三九頁所収）（Alexis de Tocqueville, *Mémoire sur le paupérisme* présenté à la Société royale académique de Cherbourg en 1835, in *Œuvres complètes*, t.XVI : *Mélanges*, Paris, Gallimard, 1989）。
（3）ローベルト・カステル『社会問題の変容』二一八～二一九頁。

しかしより一般的にいって、トクヴィルの比較分析が明らかにしようとするのは、さまざまな理想の型に関連する統一性の諸原理であり、またその逆に、理想的典型が自滅してしまうのはどのようなプロセスによるのかということである。歴史がためらうように見える時代の外見的な混乱は、相対立する二つの統一原理の衝突だと解釈できる。そして、この時点で比較分析が社会変化の理論に通じるのである。

第四章　トクヴィル、社会変革の理論家

I　社会階層の平等化

トクヴィルの仕事はすべてが社会変革についての省察であり、社会の変化に刺激を受けて生まれている。同時代の思想家たちが、この点についていては、宗教的な世界観の変動や産業形式で組織される新しい活動の擡頭、また新たな社会的対立の出現などに重点をおいていたのに対して、人間社会の変遷に関するトクヴィルのヴィジョンは、社会階層の平等化への動かしがたい傾斜である。トクヴィルにとって、平等性の発展は「歴史の原理」であると見え、それが前世紀から「文明の進歩[1]」だといわれていた社会的推進力の源動力だと考えた。

(1) フランソワーズ・メロニオ『トクヴィルとフランス人』一〇三〜一〇四頁。

だがしかし、社会階層の平等化のここでの意味を誤解したり、トクヴィルの観察の対象であった現実の不平等にまったく気づいていなかったと考えたりしてはならない。同時代の知識人たちと同様、トクヴィルもマンチェスターを訪れていて、旅行の覚え書きには労働者の住宅について、「板張が隙間だら

けで窓ガラスも割れていて、遠目にも悲惨と死のあいだに生きる人間の最後の住居だとわかる[1]」ときわめて写実的な描写が見られる。覚え書きにはさらに、「ここには奴隷、あちらには主人。あちらは少数者の財産、こちらは大多数の悲惨[2]」と記していて、トクヴィルが社会階層の格差を明確に認識していたことを示している。トクヴィルは「この新たな地獄」を印象派的に描きだすだけではなく、貧困の悪循環説をマルクス的な論法で展開している。その一貫性はこんにちしばしば引用される彼の他の説とまったく遜色がない。トクヴィルはここで私たちに何を語ろうとしているのだろうか。大規模産業は巨額の資本を要求するから、経営者の数は必然的に限定される。少数であるから労賃についての談合が容易だ。これに反して労働者の数は多く、増加傾向にある。一度就職すると容易には辞められない。かつての職人たちにみられた自律性を失っていて、労働者は、「主人のいいなり」になることが多くなった。経営者は利益が上がらないとみると、給与を圧縮して補う。労働者はストをすれば、「主人は金持ちだから」休めばいいが、「彼らは死にたくなければ毎日働かなくてはならない。彼らには腕一本だけが財産なのだ。労働者は久しい以前から抑圧されて貧しくなっていて、貧しさが増すに従って抑圧しやすくなる[3]」。

（1）『全集』五巻のⅡ、八一頁所収、トクヴィル「英国、アイルランド、スイス、アルジェリア旅行」。
（2）同右、八一頁。
（3）トクヴィル『アメリカの民主主義』（歴史校訂版、第二巻）一六三〜一六四頁。

　ここには、外部の要素が介入しないことで必然的に反復されるプロセスの厳密な分析があり、また労働者の状況の最も暗い側面と同時に、そうした側面が浮き彫りにする階級闘争の潜在力についての明確な意識がある。この点からみると、トクヴィルの業績は、マルクスの業績と同じく、当時の特徴である社会変動の破壊力を語っていることになる。この二人の類似点を感じ取ったラルフ・ダーレンドルフは、「近代性の革命」についてそつのない描写をしているが、実際には、『共産党宣言』と『アメリカの民主主義』の抜粋を巧みに組み立てたものである。[1] だがマルクスとは異なり、トクヴィルはこの新しい生産関係を近代性の基本的要素にはしない。トクヴィルはこの新しい形の貧困を「依存と悲惨の状態」として示し、伝統的な相互扶助や援助では解消できないという点で、立法者が早期に手当てをする必要があると考えている。だが、それでもトクヴィルはこの状態が社会の変化の特徴的な傾向だとは見ていない。

(1) ダーレンドルフ『現代の社会闘争』一六、四一〜四二頁のノート一六、二九九〜三〇〇頁。

トクヴィルが注目しみずからの考えの指針としているのは、「身分」、つまり特定の権利義務によって規定される安定した社会的条件と、個人的な臣従義務の結びつきを基礎とする古い社会秩序の崩壊である。封建社会では、「身分」が社会のなかでの人間の位置づけと一体化していて、多くの場合、人間の行動について、行動の内在的な特性のみに基づいて普遍的に判断することが困難なほどだった。「一部の行為は(中略)平民にとっては当然だったが、貴族にとっては恥ずべきものだ。また行為の相手が貴族階級に属しているか否かによって、その性質が変わった。[1]」特定の行動のパターンが貴族階級あるいは平民のいずれかに特有だと判断されていたことは、恣意的だと考えられるが、貴族社会に固有の考え方では、「人間の身分によって、行動が名誉あるものか、恥ずべきものかが判断された[2]」。名誉が特定の社会的条件に結び付いている概念は旧体制の基本的要素だった。さらにこの社会秩序のもうひとつの基本的要素は人間相互の権利と義務からなる個人的な結びつきの連鎖だった。国家権力に直接に支配される市民はまったく存在していなかった。個人は必ず他の個人に従うとみなされていて、「従っている個人を通して、知らないあいだに他のすべての個人と通じていた」。中世の政治機構は、個人間の忠実な結びつきの複雑な絡み合いに基づいていて、「自分の主人に忠実でありつづけること」が絶対だったが、貴族階級に属する者は誰でも、「主人であると同時に家来であり、命令しなければならないと同時に服従しなければならなかった[3]」。

(1) ダーレンドルフ『現代の社会闘争』一九四頁。
(2) 同右、一九四頁。
(3) 同右、一九五頁。

このように万古不易とされていた秩序が、はるかに流動的な社会秩序に変わった。この評価はトクヴィルだけのものではない。きわめて多様な傾向の思想家が同じ検証をしている。マルクスは「社会体制全体のあの恒常的な揺れ、あの動揺、あの永続的な不安定さがブルジョワ時代と、それに先立つ他のすべての時代とを分けている[1]」という。しかしトクヴィルにとって、財産の不平等は社会階層の均質化を妨げない。そのことは、あらゆる形態の給与生活者の漸増傾向によってことに明らかになっている。トクヴィルは商取引や工業の分野に新しい貴族階級が擡頭してきていることを明確に認識している。しかし、商売や工業によって築かれる財産には、世襲の所領と耕作者自身が基盤となっていたかつての権力者の財産にはなかった脆さがあると彼は見ていた。地主貴族は複雑な社会機構の中心にあって、機構全体に一貫性をもたせることに大きく貢献していた。ベルナール・ヴァラードの名言によれば「集団の運命の全責任を負っていた」[2]のだ。旧秩序の消滅と同時に個人個人を結びつけていた臣従義務がなくなり、細分化された契約方式の関係か、その反対に具体的な形のない集団的関係に変わった。祖国あるいは民族の概念は、封建制度のもとでは漠然としたものになっていたが、それがふたたび現われた。同時に、古代社会では一定の役割を担っていながら封建時代にはより個人的色彩の濃い臣従関係に取って代わられていた愛国心も、よみがえった。

（1）マルクス／エンゲルス『共産党宣言』（Karl Marx et Friedrich Engels, *Manifeste du parti communiste*, 1848, Paris, Éditions sociales, 1966）三四頁。
（2）ベルナール・ヴァラード『社会科学序説』（Bernard Valade, *Introduction aux sciences sociales*, Paris, PUF, coll. «Premier Cycle», 1996）二七九頁。

近代性への移行は、結局のところ、より流動的な社会への移行であり、そこでは誰もが、少なくとも原則としては、社会的に向上したり失墜したりし、また公権力との関係においては、各人が他者と同等であると主張できるようになった。運命に翻弄されたり、あるいは上層からの法的措置によって、社会的地位が上下することはなくなった。個人的な結びつきだけで個人と関係行政当局とのあいだに障壁が生じることもなくなった。このような型の社会は個人主義に好影響を与え、個人はひとりひとりが自分の運命について当然の期待を抱くことができる。さらに、ある個人の経験が別の個人の期待につながるような平等主義的感覚の開花が促進されていく。

近代社会はこうして世論が重要な役割を担う社会になる。誰もが自分の運命をつねに他人の運命と比較する。社会生活のなかで不満感が蔓延して恒常的な要素になる。こうしてトクヴィルにとっての民主主義は、主権在民あるいは過半数の名のもとに執行される行政を原則とする政治体制であるだけではなく、生活条件の平等とその感覚に基づく社会秩序なのである。トクヴィルがその著書で民主主義について多元的な意味を与えているのはこのような理由による。[1] この視点に立つと、アメリカの政治体制についてのトクヴィルの説明は政治教育的な狙いをもっているといえる。実際、アメリカを訪ねたトクヴィルは、民主主義秩序の二つの側面が併合されていると気づいた。[2] 政治的な民主主義は、アメリカでは、慣習の状況によって創りだされ、しっかりと根づいて、社会的環境を支持の方向に向けていく。ヨーロッパでは、その当時、社会面と政治面の区別が事実によって強制された形になっていた。民主的社会秩序は、必ずしも民主政治につながらず、ヨーロッパの歴史は平等主義的傾向と自由志向とのあいだの緊張の歴史である。

(1) ジャン・クロード・ランベルティ『トクヴィルと二つの民主主義』二八頁。
(2)『トクヴィル』二八頁所収のフランソワーズ・メロニオ「『民主主義』第一版への序文」(Frençoise Mélonio, Introduction à la première Démocratie, in *Tocqueville*, Paris, Laffont, Coll. «Bouquins», 1986)。

トクヴィルが平等主義は自由にとって恒常的な脅威である確信していたことで、近代の民主主義についての彼の曖昧な態度は、おおよそ説明がつく。旧体制の下では、自由な諸権利は同数の不平等を覚悟しなければ手にできなかった。生活条件の平等化は、中央政権の強化と行政当局の職権の拡大の結果であった。全般的な均等化は社会組織の骨格を形成していた中間集団の衰退を招いた。このプロセスの結末はたしかに平等主義的な社会ではあるが、崩壊する危険が大きい。それはしばしば引用されるトクヴィルが提示する次のようなヴィジョンである。「よく似ていてしかも同じような無数の人間の群（中略）、そのひとりひとりが離れ離れになっていて、自分以外のすべての人びとの運命とはかかわりない。そのような人間にとっては、自分の子供たちも友人たちも人類であるだけだ。子供や友人以外の同郷人は、すぐそばにいながら目に入らないし、触れることも匂いを感じることもまったくない。こういう人間は自己自身の内にのみあり、自分自身のためにのみある。そしてかりにまだ家族があるとしても、少なくとも祖国はもはや彼にとっては存在しない。(1)」この極端な個人主義の状態は私生活に閉塞して、古来の「徳」に代わって利得が近代の民主主義の原理(2)となる。そして最大の関心事は快適さの追求になる。中流階級のエトスが貴族のそれにかわる。民主主義政治に固有のリスクが多数による専制であるのに対して、公徳心の後退には精神の自由を阻害するその他のリスクが伴い、「自由意志の行使の効力と機会を減少させる(3)」。それは自分に実害がない限り、何ごともすべてを専制者にまかせたり、肥大した行政当局の勇み足を許容したりすることに通じる。「このような規則的で、温和で平穏な義務(4)」の解消法を、トクヴィルはアメリカの民主主義の慣行に見出し、地方単位では、自治（self-government）に、あらゆる面での共同活動の力強さに、市民の進取の気性に、さらに個人の利害と共同体意識の均衡を促進する宗教的意識に期待している。

（1）トクヴィル『アメリカの民主主義』（歴史校訂版、第二巻）二六五頁。

（2）レーモン・アロン『社会学的思考の諸段階』二三七頁。
（3）トクヴィル『アメリカの民主主義』（歴史校訂版、第二巻）二六六頁。
（4）同右、二六七頁。

トクヴィルが考えていた筋書きがどうあれ、彼は多くの同時代人と同じく、政治的民主主義については、納税額に基づく制限選挙を想定している。賢明で、国家につくす資格がある人物は、トクヴィルの考えではある程度の財産があり、一定の水準の教育を受けていなければならなかった。つまり彼の民主主義は名士《エリート》の民主主義だった。庶民について、彼は根強い警戒心をもっている。庶民が政治の舞台に闖入すると、流血の騒乱をともなう革命版の民主主義を助長するだけだと考えたのだ。このことは十九世紀初頭の労働条件についてトクヴィルがマルクスに近い診断を下していたことが、この考え方を如実に物語っている。しかし覚書きの抜粋に見られるマルクスとの類似が、『共産党宣言』を先取りしているとさえいえるにしても、トクヴィルの結論はマルクスのそれとは大きく異なっている。トクヴィルは労働階級の状況を改善し、恒久的貧困と差別に闘いを挑み、社会の進歩が革命の余燼をかき立てて、「人間の物質的な欲望の強力で絶え間なく際限のない誘惑である」(1) 社会主義という反対の方向に向かわないようにすることを、自分の責務と考えている。アメリカの夢に培われたトクヴィルの希望は、平等主義的な高揚と彼が絶対的に要求する自由とを、平穏さを取り戻した社会のなかで宥和させることなのだった。

（1）トクヴィル「貧困論」『全集』十六巻、一一七～一三九頁。

Ⅱ　長期的ヴィジョン

モンテスキューの後裔であるトクヴィルは、歴史は、明らかに自由と平等の弁証法に支配されていると見ている。[1] そして、この概念ははるか遠い過去に埋もれている西欧社会がほぼどのように推移してきたかということと深くかかわっている。ローマ帝国の崩壊後、ヨーロッパ社会は「相対立する無数の小社会に分裂した」。だがしかし、この混乱から政治体制機構のなかに驚くべき画一性が現われた。このため十四世紀のヨーロッパ諸民族の政治体制は、おおむね似通っていた。[2] 多様性が見られるようになったのは、後のことである。この点に関してトクヴィルは、フランソワーズ・モレノも指摘しているように、アングロ・サクソン型と大陸型の二つの型の推移を示唆している。アングロ・サクソン型では自治（self-government）の自由主義的な伝統に基づいていて、その到達点はアメリカ式の民主主義であり、社会階層の平等化は諸権利の自由と並行して進歩していく。その反対に、大陸型では平等性は諸権利の自由を抑制する形で発達し、いわば絶対権力の副産物である。フランスではこの「大陸症状」のごく初期の状態が現われ、ドイツとロシアでは最後期の状態が見られた。[3] こうして民主主義に向かって、自由主義的な道と革命的な道の二つの道筋が開かれた。自由主義的な道は段階的な変化の道であり、革命的な道は唐突な断絶がつづく道であるが、後者の場合の断絶は段階的な様相を伴っていることが多い。劇的な断絶は実ははるか以前に始まった変遷をあとになって調整しているにすぎないのだ。トクヴィルの考えでは、政治的な激変の第一原因は、革命的な急進主義ではなく、絶対王制である。最終的に採用される道筋は中央政権の特性によって定まる。民衆の運命は彼らの過去によって象《かたど》られ、そのことから、「革命と社会主義の地図は絶対王制の地図と重なるのである」[4]。

（1）レーモン・アロン『社会学的思考の諸段階』二五六頁。
（2）トクヴィル『アンシャン・レジームとフランス革命』九一～九二頁。
（3）フランソワーズ・メロニオ『トクヴィルとフランス人』一三三～一三四頁。
（4）同右、一三四頁。

フランスの変形について、トクヴィルはこの国でヨーロッパの他の場所に比べて早期に革命が勃発したことを疑問に思っている。フランスの図式は、トクヴィルには、封建体制の衰退が早かったことが遠い原因になっているようにみえた。封建制の遠い昔には、王の権力を制限することで自由が擁護された。不平等はその代償だった。だが、王国行政の中央集権化は早くから実現された。『アンシャン・レジームとフランス革命』の主な眼目は、大革命の初期の生成過程と革命精神の創造過程のなかでの中央集権化の役割を明らかにすることだった[1]。トクヴィルの独創性はまさに、この中央集権化が、大革命の結果であるどころか、執政政府と帝政期に強化され、彼が執筆活動をしていた当時にはまだ到来していなかった革命期の大義のひとつであった。

（1）『トクヴィル』八九五～八九七頁所収のジャン＝クロード・ランベルティ「『アンシャン・レジームとフランス革命』への序」(Jean-Claude Lamberti, Introduction à l'Ancien Régime et la Révolution, in *Tocqueville*, Paris, Laffont, coll. «Bouquins», 1986)。

中央行政機関は古くから権勢を誇り、のちに発達する絶対王権の基礎となり、社会階層の平等化の暫進的な進歩を促進した。民主主義は、トクヴィルのいうように、社会的民主主義といった意味で、長期にわたる推移の成果なのである。過去の恵まれた集団と、中央集権化で生じた新しいエリートのあいだで、権利の平等を伴わない慣習の画一性が次第に根づいていった。こうして旧体制の末期に、ヨーロッパ諸国のうちで社会階層の平等化が最も進んでいたのは、制度化されないままではあったが、フランスだった。その状態のなかで階級間に怨嗟の思いが蔓延した。貴族階級はブルジョワ階級に財産を奪われたと感じ、ブルジョワ階級は貴族階級に不当に軽蔑されていると感じ、平民は土地を所有するようになって事実上の地主であり、従来とは異なる地位を当然望めたはずだったが、貴族にもブルジョワにも不公平な扱いをされていると感じていた。

中央政府の権力が強化されたことで、地方の政治機構が有名無実になっていた。社会階層の孤立化と補助的な機構制度の衰退は社会の極端な細分化を招いた。また地方行政とそれに関連する諸活動も活気をなくした。この状態についてトクヴィルはおおよそ次のようにいっている。「前の世代は個人主義(individualisme)という言葉を知らなかった。この言葉はわたしたちがつくり出して使うようになったものだ。それは前の世代の時代には、誰でもなんらかのグループに属していて、完全に孤立している者はいなかったからだが」、それでも「ある種の集団的個人主義」の拡大がみられて、近代的な個人主義の到来を予告していた。[1] フランスの政治社会はこうして有機的集合ではなくなり、「均質な総体」にはなったが連帯性を欠き、市民は「共同で活動したり危機にさいして相互扶助の体制をとること[2]」に不慣れになってしまった。その結果「政府の邪魔をするような組織がまったくなくなり、また援助する組織もなくなってしまった」[3]。地方自治の実践という政治教育を欠いたフランスの国民は政治的無関心と現実味の薄い要求のあいだで揺れるばかりだった。前章で触れた知識人の態度がこの状態を如実に物語っている。

(1) トクヴィル『アンシャン・レジームとフランス革命』一五八頁。
(2) 同右、一四三頁。
(3) 同右、一九〇頁。

この点についてのトクヴィル叙述には、行為者個人が思考したり行動したりするにいたった理由が明確に理解できるような説得力がある[1]。また当時の農民についても同様で、この場合は「想像していただきたい」と具体的に呼びかけているが、さらに農民の姿を鮮やかに描きだして読者の理解を助けている。では、十八世紀のフランスの農民についてトクヴィルは何を語っているのだろうか。彼らは土地に対する執着が強く、執拗なまでに貯えを費やして、機会があれば土地を購入した。そのために、彼らは「政府に税を払うのではなく、まず近隣の地主に権利金を支払わねばならなかった」。このように煩わしい隣人は公権の手先だったのだろうか。そんなことはまったくない！　彼らは特権階級というだけのことだ。しかし、いずれにしろ農民は所有地を手に入れる。「自分自身の所有物である片隅の小さな土地――それがこのうえなく誇らしい」のだ。そのとき彼らに何が起こるのか。「同じ隣人たちが、彼を彼の農地から引き離して、別の場所で無給で働かせる。」それだけですむのだろうか。とんでもない！

おなじ連中は、農民たちが畑に撒いた種を守れないようにして、自分たちの猟の獲物の鳥の餌にしてしまう。「川岸で待ち受けていて、通行料をとる。市場で待ち受けて、農民が自分で作った作物を売るのに、販売権を買わせる。」農民が手元に残った麦を自家用に使うには、「同じ連中の粉挽場で粉にして、連中所有の窯でパンを焼かなければならない」。結局、「近隣の地主の手当金を払うのに農民の小さな土地からの収入の一部が消えてしまうことになる」。何をしても、どこに行っても、途中で必ず「あの無遠慮な隣人たちがいて、楽しい雰囲気を台無しにし、仕事の邪魔をし、こちらが作ったものを食べてしまう」。彼らを追い払ったと思うと、「黒い服を着た連中が現われて、収穫した作物をほとんど全部もっていってしまう」。トクヴィルは最後には読者を督励する。「この人の生活を考えてみてほしい。それでできればこの人の心に積み重ねられた憎しみと羨望の宝物がどれほどか、計ってみてほしい。[2]」こうしたことはすべて、このような状況を生む耐えきれない思いも含めて、こんにちでも、誰しもが理解できることだ。しかし社会変化の理論家トクヴィルの真の偉大さは、細密画と大壁画とを、理想的典型的人間の運命の写実的な描写ときわめて長期間作用するマクロ社会的要因の全体図とを組み合わせる希有な天分にある。というのは、フランスの数世紀にわたる歴史が封建主義のあのカリカチュアに行き着いたからだ。

（1）この点についてはレーモン・ブドンがしばしば強調している。たとえば『公正と真実』八五〜八六頁参照。
（2）トクヴィル『アンシャン・レジームとフランス革命』一〇六頁。

トクヴィルにとって、中央集権化は革命を可能で必然的にしただけではなく、革命の精神を形成し維持することに貢献したのだった。政治参加の経験の欠如は社会の総合的再整備計画の開花を促進する。権力の集中は、その点での積極的意欲を助長する。権力の梶の数が少なければ、容易に梶を手にして、他の人に受け渡すことができる。「行政の中央集権化とパリの全権掌握は、この四十年来みられた相次ぐ倒閣に関連するかなり重要な要因である」とトクヴィルは一八五六年に記している。[1] 政権奪取を経験すると、社会を思うままに再編成できると思いこむ誘惑は大きい。この場合、ユートピア思想が強化されて、革命の伝統が根をおろす。その伝統によってアナーキーと専制主義が交互に現われるようになる。トクヴィルの革命についての概念は、したがって政治的であるだけではない。[2] たしかに国家はここでは、ピエール・ビルンバウム[3]が指摘しているように、介入することによって社会的変化の様態の理解を可能にする特定の変項である。しかしトクヴィルにおいては、革命現象は、生活習慣と政治制度機構との状況が相互に作用して、さまざまな過程を経た結末である。フランスの革命気質は、アメリカの政治的態度のプラグマティズムと同様に、メンタリティーと慣習の緩やかで継続的な推移に根ざしているのである。

(1) トクヴィル『アンシャン・レジームとフランス革命』一四二頁。
(2) レーモン・アロンを字義どおり読むとそう考えられるかもしれない(レーモン・アロン『社会学的思考の諸段階』二四五頁参照)。
(3) フランソワ・シャゼル編『集団行動と社会運動』一六四頁所収、ピエール・ビルンバウム「社会運動と国家の形態」(Pierre Birnbaum, Mouvements sociaux et types d'Etats : vers une approche comparatives, in François Chazel, éd., *Action collective et mouvements sociaux*, Paris, PUF, coll. «Sociologies», 1993)。

トクヴィルの図式に民族的だといえる要素を導入することは、したがって、誤りではない。トクヴィル自身も、ときにはこの表現を用いている。[1] トクヴィルがフランス民族を描いて、「反抗的な気質でありながら、市民の代表が樹立する穏やかで自由な政体よりも王公の専制的で暴力的でさえある治世によく馴染む」というとき、[2]「気質」（tempérament）という単語を用いているのは単なる言葉の文《あや》ではない。しかし、ここでトクヴィルが「庶民の心理」のある種の形式や、ゴビノーもどきの人種的あるいは民族的決定論に与《くみ》したとみるべきではない。トクヴィルが考える民族の典型的な特徴は、慣習と制度相互の影響の下にある。ひとつの住民集団の数世代にとって、集団として継続的に特定の機構制度に対峙したことは、反復され、ときには強化される後天的な態度の理想的典型の原点である。トクヴィルの著作のなかにあるフランス革命にいたる一連の原因のモデル化を試みたニール・スメルサーは、この点を明確に理解していなかったようだ。「フランス的気質」という変項がまったく分離している。[3] スメルサーとは異なり、ジャン゠クロード・ランベルティは『アンシャン・レジームとフランス革命』の意図をきわめて精細に分析している。ランベルティは、「集権化した社会での革命精神の発達は、フランスにおいては、フランス的性格の特異性によってより強力で顕著になった」と指摘してから、次のようにつけ加えている。「同時に、慣習と思想を変形する中央集権化の影響を受けて、民族的性格はゆっくりと修正されつつも、深いところで混乱していった。[4]」

（1）トクヴィル『アメリカの民主主義』（歴史校訂版、第一巻）二五頁。
（2）トクヴィル『アンシャン・レジームとフランス革命』二四九頁。

（3）ネイル・J・スメルサー『社会科学における比較の方法』二三頁。
（4）『トクヴィル』九一三頁所収のジャン＝クロード・ランベルティ「『アンシャン・レジームとフランス革命』への序」。

革命的道程と同様、自由主義的道程の起源も、トクヴィルは封建制度の転向にあるとみている。そしてこの点について、イギリスがその他のヨーロッパ諸国と大きく異なっていることに気づいている。トクヴィルが注目するのは、イギリスの貴族階級の開放性だけではなく、彼らの慎重さと巧妙さである。イギリスの貴族階級は、中央政権の行きすぎた介入を防止するために、早くから他の階級と習慣的に協力するようになっていた（1）。こうして、革命思想が専制君主への絶対服従に代わった（ヨーロッパ）大陸型のモデル、とくにそのフランス型の変形とは異なり、アングロ・サクソン型のモデルは、漸進的な自由の拡大を見せている。アメリカで実践された民主主義が早期に「民主主義の穏やかで控えめな概念（2）」を重視するようになったことは、このような背景を考えると理解できる。そしてトクヴィルがアメリカ型モデルに地方によって微妙なニュアンスを加味しているのも、やはりイギリスと（ヨーロッパ）大陸諸国のこの対比を勘案しているからである。つまり、トクヴィルによれば「フランス人はアメリカに絶対王制の伝統をもたらし、イギリス人は自由人の慣習を携えてアメリカに到来した（3）」のだった。

（1）『トクヴィル』一四八〜一五〇頁所収のジャン＝クロード・ランベルティ「『アンシャン・レジームとフランス革命』への序」。
（2）トクヴィル『アメリカの民主主義』（歴史校訂版、第一巻）三〇一頁。
（3）同右、三〇二頁。

問題になっているケースがどうであれ、トクヴィルが分析している派閥と諸勢力との力関係は、民間社会と国の対立である。この対立は、国家が民族を創造するという理念が主流であったローマ帝国の崩壊以来、さまざまな形で現われた。この点では、トクヴィルは連続性を重視しているといえる。こんにちではフランソワ・フュレが一七八九年の革命による断絶の深刻な影響に疑問を投げかけているが[1]、トクヴィルは立場を異にして、断絶の形態にまで連続性を求めている。革命の余波を超えて、トクヴィルはフランスの民主主義の脆弱さと絶対王制から第二帝政までの専制主義の復権に敏感に反応する。しかし旧体制の王権行政は現在の行政の官僚支配を先取りし、王が行なう中央集権は「ジャコバン、ついで皇帝の中央集権を先取りしている」[2]。このような連続性の診断はフランスの近代の官僚支配を批判する分子にとっては、現代的な問題である。ミシェル・クロジエは「『アンシャン・レジーム』とフランス革命』が出版されてから、四回政変がつづいた。官吏の数は十倍になり、行政の担当である仕事が変化し多量になった。電話、タイプ、そして現在ではエレクトロニクスが使われている。そうしたことが官僚の人間関係と行政の仕事の条件を一気に大きく混乱させる」と述べている。クロジエによれば、このことから、昔の行政についてのトクヴィルの「数ページの果敢な文章」は厳しく、同時に不毛であり、「トクヴィルが書いた時代と同等にいまも現代的であると見られている」[3]。クロジエはさらに論を進めて、トクヴィルの指摘のうちには、「改革論者の若い官僚たちの討論集会で基調報告として充分に使えるものがある」[4]といっている。

（1）フランソワ・フュレ『フランス革命を考える』（François Furet, *Penser la Révolution française*, Paris, Gallimard, 1978）。一七八九年の断絶がその後の事件に意味を与えることについては、同じ著者の『過去の幻影』を参照。

（2）ベルナール・ヴァラード『社会科学序論』二八〇頁。
（3）ミシェル・クロジエ『閉塞社会』（Michel Crozier, *La société bloqué*, Paris, Le Seuill, 1970）九三～九四頁。
（4）同右、九四頁。

Ⅲ　過渡期の理論

たしかに、トクヴィルは連続性の理論家だが、同時に、おそらくとくにすぐれて過渡期の理論家でもある。社会学が、社会の形態の変化の過程を説き明かすだけの用意ができていないといわれたことがある。ジョヴァンニ・ブシノは、近代化の社会学の誕生にもかかわらず、「経済／社会体系の再生をある時点から不可能にする論理／理由については、ほとんどなにもわかっていない。社会的な関係に新しい組織体系の誕生を必要とする理由もわかっていないし、またその組織体系を新しい社会の一般的形態に整備することについてもわかっていない」と考えている。そしてブシノは「過渡期に関する私たちの知識は、きわめて貧弱なものだ(1)」とつけ加えている。ところでトクヴィルがすぐれている点は、まさにある体系の再生が不可能だ(2)ということから派生するプロセスの分析なのだ。トクヴィルの著作には随所に彼自身が過渡期の証人であることを示す記述がみられる。『アメリカの民主主義』第二巻の結論に「いま立ち上がろうとしている世界は、いまだに崩壊しつつある世界の瓦礫の下に填め込まれている状態に近い」と書き、さらに「人間の業の膨大な混乱のなかで、古い制度機構と慣習のうちで何が残存しうるのか、何が完全に消滅してしまうのかを予見しうる者はいない[3]」とつけ加えている。社会の二つの状態の対立の混迷はトクヴィルを悩まし、その結末の見通しがつくと考えているだけに、「突出した点がほとんどすべて消えて、ごくあたり前のことに変わっていく。それはいままでの世界で見えていたことほど高くはないが、それほど低くもなく、輝きが少ないが、それほど暗いわけでもない」と想定する。彼が画一性と普遍的な凡庸さと形容する光景に、憂いを覚え、身の凍る思いを抱いて、「もはや亡い世界をなつかしみたい思いだ[4]」と認めている。

（1）ジョヴァンニ・ブシノ『過去の不変。社会学史と社会学的認識論の諸問題』（Giovanni Busino, La permanence du passé. Questions d'histoire de la sociologie et d'épistémologie sociologique, Paris / Genève, Droz, 1986）四九頁。
（2）同右、四九頁。
（3）トクヴィル『アメリカの民主主義』（歴史校訂版、第二巻）二七九頁。
（4）同右、二八〇頁。

しかし、懐古的なノスタルジアは彼の知的厳密さを鈍らせはしない。過渡期にあるフランスの田園地帯に着想を得て、『アンシャン・レジームとフランス革命』のなかに、きらりと光るきわめて精細な分析を残している。すでに述べたように、困難な暮らしを強いられている農民と小地主が、おそらく身分の不一致を助長する中間的な世界の典型的な人物であろう。農民と小地主（田舎貴族）はごく近い存在だ。農民が行政当局の暴力の餌食になることは、もはやほとんどありえない。公民としての自由を獲得し、土地も所有するようになった。だが、社会的にはまったく経験のない孤立化を強いられている。貴族は田園地帯を放擲する。ブルジョワは都会に逃避する。裕福な農民は子弟を田舎から脱出させようとする。「田園地帯には、財産が充分ないので逃げ出せない貴族だけしかいなかった。」こういう貴族が、農民に対していまだかつてないような立場に立たされる。農民の上に立つ者ではないから、「農民を大切にし、援助し、指導する」ことに関心を失う。だが公租公課が課せられていないので、農民の苦労がわからない。「農民は自分の臣下ではないが、まだ同等の市民でもない。これは歴史上かつてなかったことだ。」トクヴィルの巧みな表現を借りれば、その状況から「一種の心情的不在地主」[1]が生じる。とくに付加的な身分の不一致が発生する。自分の持ち地所に住みながら、けちな暮らしを強いられる貴族は、以前であれば自分の執事のような態度をとる。その結果、かつての支配関係では考えられなかったような、新たな怨嗟の源となる条件が現われた。[2]

（1）トクヴィル『アンシャン・レジームとフランス革命』一七八頁。
（2）同右、一七九頁。

トクヴィルは話題を広げて、前章でも述べた比較戦法を用いて、一七八九年の革命的状況にいたる原因と論拠の連鎖を提示している。まず先に述べた長期的な諸傾向がある。それは中央集権化、絶対主義の擡頭、社会階層の均等化であった。その後、これらの重苦しい傾向は急速にひろがっていった。封建秩序はもはや見かけだけの存在でしかなくなった。貴族階級は伝統的な機能と特典を失い、存在理由がなくなる。生活条件の均等化は、政治制度機構の機能に反映しない。一方の状況の改善が他方の羨望を生む。これらの矛盾の激化は、かつての不公平さを拒否するような精神状態をつくり出す。昔は運命だと諦めていたことが、暴動の原因になる。その結果が現代の社会学者が相対的欲求不満と呼ぶ、いわゆる「トクヴィル効果[1]」である。獲得した特典はまたたくまに当たり前のことになり、満足感を抱かせることがなくなる。また獲得していないことは注目の的となり、誰かがすでに獲得していれば、可能性が広がるから、なおさらである。こうして欲求は満足感を得るよりも早く高まっていく。それはトクヴィルによる政治参加の法則[2]に到達する。「苦情をいうことなく、まるで感じないかのように、きわめて重苦しい法に耐えた人たちが、その重荷が軽くなったとたんに、法を投げ出してしまうことがある。[3]」言い換えれば、安定した社会関係が長期にわたったあとで終わり、生活条件の客観的改善の端緒が開かれるときが、革命が爆発するときであるから、「質の低い政府にとって最も危険な時期が、通常は政府が自己改造に着手するときであることは経験的に実証されている[4]」。

（1）アンリ・マンドラ／ミシェル・フォルセ『社会変革、趨勢とパラダイム』（Henri Mendras et Michel Forsé, *Le changement social. Tendances et paradigmes*, Paris, Armand Colin, 1983）一三〇頁。
（2）レーモン・ブドン『無秩序の場』（Raymond Boudon, *La place du désordre*, Paris, PUF,Coll. «Sociologies», 1984）二一頁。
（3）トクヴィル『アンシャン・レジームとフランス革命』二二三頁。
（4）同右、二二三頁。

これよりもさらに限定された問題について、トクヴィルは、過渡期のプロセスを明白にすることにやはりすぐれた能力を発揮している。アメリカでの調査旅行のさいには、北米のインディアンの状況に特別の関心を払っている。彼が描くのは、ことのほか破壊的な影響のあるカルチャーショックである。沿岸地域までを領土としていたインディアンの最後の生き残りを発見するのに、「内陸に向かって百里以上の道を行かなければならなかった」とトクヴィルは書き残している。これらのインディアンたちが奥地に追いやられて四散していくに従って、多くの人口を抱える集団が跡地に住み着いていく。「諸国において、これほど並みはずれた発展も、これほど速い崩壊も見たことはない(1)」と彼はいう。このように急激な変化はどのようにして起こったのか。インディアンたちは誰にも干渉されることなく、狩猟を糧とする日常生活を送っていた。彼らにとっての必需品は限られていたので、処分可能な資源はほとんど無限だった。そこへヨーロッパ人が登場し、火器に鉄とアルコール類のほかに、ことに服飾品について新しい習慣と好みをもち込んだ。新しく生まれた欲求とそれを満足させる可能性のあいだに、不均衡が生じた。インディアンは自分たちが生産できないものを白人から買わなければならなくなった。野性動物の毛皮しか代価とするものがなかった彼らは、生命維持の最低線以上の猟をするようになった。必要と資源の不均衡は大きくなるばかりだった。実際、白人の定住地が広がるのにつれて、猟の獲物は西に向かって逃げていった。ヨーロッパ人の接近はしばしば「二百里」の距離に迫り、インディアンの種族に影響を与えたが、インディアンたちが「不当な横領の元凶を知るまでに長い時間が経ってしまった」。ヨーロッパ人の定住地は境界が明確でないうえに分散していたから、「定住地の中間地帯全域の(2)」野性動物を追い払ってしまう結果になった。インディアンたちは生きていくこと自体が困難になったばかりか、必要となった代価の獲物を採ることも難しくなっていった。「彼らの狩猟の獲物が逃げていくようにしてしまったことは、わが国の農家の畑を不毛にしてしまったのと同じことだ(3)」とトクヴィルは書いている。インディアンは獲物を追って移住する。ある種強制されたこの移住で、インディアンたちは物資欠乏で弱っている。そのうえ、移住先には先住者がいて、彼らは歓迎されざる客である。「後ろには飢え、前には戦い、どちらを見ても悲惨だ。」生き残るには小人数のグループに分かれるしかない。「久しい以前から弱体化していた社会的な絆が、このとき断ち切られた。彼らにとってもはや祖国はなくなり、国民もやがてなくなる。家族が細々と残るだけだ。呼び名は消え、自分たちの〈言葉〉は忘れられ、出身地の跡も辿れなくなる。民族が存在しなくなったのだ。[4]」インディアンが土地を耕すように方向転換していれば、別の道が開けていただろう。しかしそれは彼らの文化が許容しなかった。インディアンは「手仕事は卑しい仕事だと考えていて、耕作者を畝を作る牛にたとえ、私たちの仕事は、どれも奴隷のする仕事だと彼らはみている。(中略)狩猟と戦いだけが彼らにとって人間に相応しい仕事なのだ[5]」。

(1) トクヴィル『アメリカの民主主義』(歴史校訂版、第一巻)二四九～二五〇頁。
(2) 同右、二五〇～二五一頁。
(3) 同右、二五一頁。
(4) 同右、二五一頁。
(5) 同右、二五三～二五四頁。

北米の原住民の運命をこのように詳細に検討したトクヴィルは、より一般的な結論を引き出した。「インディアンは彼らの森のなかでの悲惨のどん底で、城にこもった中世の貴族と同じ考え、同じ意見をもっていて、あとは征服者になれば、まったくそっくりになる。」したがって「わたしたちの父祖ゲルマン人の政治制度機構と北米放浪種族のそれ」との類似性は大きい。同じ原因が同じ効果を生んでいる。「社会的身分」は「人間の法と慣習[1]」に大きな影響を与える。

(1) トクヴィル『アメリカの民主主義』(歴史校訂版、第一巻)二五四頁。

トクヴィルがとくに関心をもって研究しているもうひとつの過渡期の状況は、北米での、黒人の段階的な解放によって生じた状況である。彼の結論は一見したところ矛盾して見える。「隷属の原則を廃止することで、アメリカ人は奴隷を自由にするわけではない。(1)」これをどう理解するべきか。ここでもう一度、この間のプロセスの容赦ない展開が示される。ニューヨーク州は同州内での奴隷の売買を禁じる。これはつまり奴隷の輸入禁止だ。黒人の数はこの州では黒人人口の自然増によってしか増加しなくなった。数年後、ニューヨーク州で生まれる奴隷の親の子供は解放されることが決まった。こうして奴隷の後継者が市場に出されることがなくなり、必然的にその価値が大幅に下がった。奴隷は「不都合な」あるいは「平凡な」所有物になった。加えて下僕や下女の働き口が減少して、失職した働き手が多く、こちらを雇うほうが得になった。そこで奴隷を競争の怖れのない南部に送るほうが利益が見込めた。こうして「同じ法が、奴隷が南から北に来ることを阻止し、北の奴隷を南に追いやることになった」。結果的に「奴隷制度の廃止は(廃止が実施されているところで)、奴隷を解放するにはいたらず、その主人を変えるだけのことになってしまった」。解放された奴隷や制度廃止後に生まれた者は、社会的にそれほど望ましい位置に置かれることがなかった。「法の専制と慣習の不寛容とにぶつかって(中略)、多くが悲惨な運命をたどる。残った者は都市に集中し、最も下賤な仕事について、悲惨で不安定な生活を送る。」不幸な彼らにとって、奴隷制度の廃止は生きた現実ではなく、むしろ法律的なフィクションにすぎない。(2)アフロ・アメリカンの継続的な社会的ハンディキャップは、トクヴィルによると、「米国の将来を脅かす諸悪のうちで最も恐るべき悪」[3]につながる、過渡期のプロセスのなかに予見される。

（1）トクヴィル『アメリカの民主主義』（歴史校訂版、第一巻）二六九頁。
（2）同右、二七〇頁。
（3）同右、二六二頁。

フランス大革命の先駆的な事件にしろ、インディアン種族の絶滅や黒人奴隷の疑似解放にしろ、トクヴィルは、行為者に強制される原因と彼らの行動に意味を与える論拠との分析を組み合わせている。行為者の態度を支配する、力学的な原因が確実にあるからだ。フランス田園地帯の人口の極端な減少の原因には、農民や小規模地主を超えるものがある。この現象が多くの個人的な決定の長いあいだの積み重ねの結果であるにしても、そのことに変わりはない。獲物が逃げたことが意図的に仕組まれていたかいないかには関係なく、その客観的事実だけがインディアンに悲惨な暮らしをもたらすのだ。黒人奴隷の商品価値が実際に下がる、それには、はっきりした理由がある。しかしこれらの要因の組み合わせのうえに、それぞれの理由がつけ加えられる。農民にはだまされたと感じる理由がある。小規模地主は形だけでも貴族の誇りを保ちたいが、自分自身の努力を見誤っている。インディアンは農業による救済を断固拒否する理由がある。自分の名誉にかかわることなのだ。インディアンとは異なり、黒人奴隷には白人の社会に同化したいと望む充分な理由がある。しかし白人と黒人は、彼らの意図がどうあれ、当時は人知の及ばぬところにしか解決の糸口がない状況に閉じこめられている。理由と原因に注目するトクヴィルは、意図的行為の危険性と社会的変化の体系的なヴィジョンのなかで融合させるのである。

第五章　トクヴィル、社会学の古典

I　社会力学

社会学の歴史のなかで、社会静学と社会力学の区別はごく初期から重視されていた。オーギュスト・コントは、この区分が社会学的分析応用の二つの分野であるとみていた。しかしながら、社会秩序の条件――社会の成立を可能にしていること――についての研究が変化の要因の検討を蔑ろにしたり、少なくともその重要性を過小評価したことが一再ならずあったという印象は否めない。こうして現代の構造機能主義的な観点では、社会生活に適用されるシステムの概念は、変化を概念化するにはほとんど無力だとされてしまうようになった。(1) トクヴィルは、いうまでもないが、社会問題のシステム的概念が現実の社会の力学を第一義と考えることと合致するということを証明している。トクヴィルにおいては、社会変化自体がシステム的展望に立って考えられているのだ。彼の論理は変化のなかでの整合性あるいは不整合性を明らかにしていく。諸種の自由の拡大は社会階層の均等化の必然的な結果ではなく、逆に、一般的傾向としてはむしろ不整合である。平等主義は自由の制限と容易に結びつき、場合によっては、制限を要件とすることさえある。ところが自由はその反対で、不平等を補正しようとする配慮を副次的に考える傾向がある。したがって、平等の原則と自由の原則を両立させようとするならば、両者の整合性をつくり出さなければならない。

（1）ジャック・クーネン＝ウッター『社会学における機能主義、そしてその後』（Jacques Coenen-Huther, *Le fonctionnalisme en sociologie : et après?*, Bruxelles, Editions de l'Université de Bruxelles, 1984）参照。

当時のアメリカ社会の情景は、平等主義の精神が自由の風潮の維持を危うくするようなことはなく、トクヴィルは平等主義と自由との整合性の可能性について考えることができるようになった。総合的社会のレヴェル、ことに大国の場合では、連邦性または連合の形が状況の多様性に適した法制を保障するから、慎重な施策だといえる。権力の均衡、政党のプラグマティズム、連合の活力と放埒な形に落ちないような新聞報道の自由などは、均衡の保障を強化する。[1] この点について、トクヴィルは現代の機能的代替という概念を先取りするような形の考え方を示す。すなわち、民主的な原則が支配する国では、法律学的な精神が、法的な形を尊重することに留意して、自由の保障としての貴族的精神にかわる。[2] しかし、自由が平等主義的なメンタリティーを超えて生きつづけるには、信条と慣習に根づいていなければならない。アメリカでは第三章でも見たように、周囲の宗教性がその役に立った。フランスに見られたこととは反対に、キリスト教的伝統の道徳的要素と民主主義の実践とが収斂しているように見られた。ニューイングランドを創設した人たちの宗教精神は、政治や社会の面での刷新にまったく反するものではなかった。[3] また一方、アメリカには、国の政治に制度機構として重くのしかかるような支配的な教会は存在しない。それどころか、「宗教は、市井の自由（liberté civile）のなかに人間の能力の高貴な行使を考えている（中略）。宗教は、その世界では自由で権力があり、みずからが置かれた地位に満足していて、その支配が確立されているのは、みずからの力のみによって支配し、人びとの心に拠りどころを求めることなく支配するからであるということを知っている」[4]。同様に、民主的な国民生活は、権力、自由の行使、またさまざまな利害の擁護などについて、宗教によって緩和された影響に助けられている。「自由は（中略）宗教を慣習の防壁と考え、慣習を法の保障であり、自由そのものの継続保障だと考えている。[5]」宗教は緊張の原因でないばかりか、政治的な権利の行使において仲裁者の役割をはたす。[6]

（1）トクヴィル『アメリカの民主主義』（歴史校訂版、第一巻）参照。
（2）同右、二〇六頁。
（3）同右、三五頁。
（4）同右、三五〜三六頁。
（5）同右、三六頁。
（6）同右、二二七頁。

こうして、自由が平等主義的なメンタリティーに脅かされないようにするには、トクヴィルの考えでは、誰もが遵守するべき倫理的規範がなければならない。たしかに、近代の民主主義は古代の共和国の場合とは異なり、徳ではなく利害を基礎として成り立っている。しかし個人的利害が、「正しく理解された」利害、つまり普遍的利害に見合う個別の利害に変化するには、[1]古代の徳の指針であった倫理的原則と同程度に強力な原則が介在しなければならず、[2]市民がそれぞれ従うべき規律は、外からの拘束の結果だけであってはならない。現代的な表現では、各人は行動についての一定の基準を心の奥底深くで確認しなければならない。換言すれば、倫理的義務はみずからの信念に基づいていなければならないのだ。

(1) トクヴィル『アメリカの民主主義』(歴史校訂版、第一巻)一一三頁。
(2) レーモン・アロン『社会学的思考の諸段階』二三七頁。

社会力学が生み出す勢力や傾向のなかでは、トクヴィルではつねに、個人に帰すべき理由と個人を超える原因とが複雑に絡み合っている。『アメリカの民主主義』第二巻で扱われているテーマ全体を統合している「社会的権力」の概念がその典型的な例である。[1] それはどういうものなのだろうか。端的にいえば、中間的集団の廃止と社会組織の細分化の文脈のなかでは、市民は利害や信条を護るためにみずからを組織することは困難だと感じる。その原因は、権力が個人に及ぼす脅威が伝統的な社会よりも大きくなっているからだと結論できる。現在みられる変化のシーケンスについても同じように考えることが可能だ。世論が望まない措置を国が合法的にとったとしよう。多くの市民が当然不満を感じる。この不満が集団行動に結集するには、適切な組織の団体が存在しなければならない。それがなければ、個々人は諦めて自分のなかだけで不満を処理しようとすることになる。個人個人の理由が連鎖反応を起こして、かえって当所の国側のプロセスを強化することになり、多数者側の無気力が権力に行動の自由を与えてしまう。個人はさらに無力感をつのらせる。市民参加が少ない風潮は公共の利害にかかわる事業を国が請け負って実行する傾向に拍車をかける。この段階において「一般市民は、国の《善意》が生み出す弊害が続発するのを傍観するだけになってしまう[2]」。

(1) レーモン・ブドンの解説による。『道徳と政治科学』誌、五三一〜五五八頁所収のブドン「社会権力、トクヴィルの主題についてのヴァリエーション」(Raymond Boudon, Le pouvoir social : variation sur un thème de Tocqueville, *Revue des sciences morales et politiques*, 1992) 参照。
(2) 同右、五三四頁。

理由と原因を組み合わせて分析を行なうトクヴィルの能力は、彼の著作の再評価と無関係ではない。個人にとっての理由と外側から押しつけられる原因とを分析的に区別することは重要でなくはないからだ。前章の冒頭で挙げた、資本主義企業主の例をもう一度考えてみよう。これらの資本家の論理では、ときに大きく給与を圧縮するだけの理由はあるだろう。しかしこの新たな「製造業貴族階級」が、「自分たちが使っている人間を貧しくし、打ちのめしてから」、「危機が到来すると、公共の慈善事業に彼らを任せて、養わせる」ことが許されると、いささかも良心に恥じることなく感じるためには、従続関係が大きく変化して、両者にとって新しい社会環境が生まれなければならない。労働者と主人は「工場で会い、そのほかの場所では、お互いに見知らぬ人だ」。こんにちではこのような関係は特定の型だといえるだろう。「製造業者は労働者には労働だけを要求し、労働者は主人に期待するのは給与だけだ。主人は労働者を保護することはまったく約束せず、労働者は自分を守ることは考えない。彼らは習慣によっても、義務によっても、縛られてはいない。[1]」

(1) トクヴィル『アメリカの民主主義』(歴史校訂版、第二巻) 第一版、一四二頁。

トクヴィルの目には、悪質といえる意図の行為者さえも、そういう行為の影響を必ずしも免れているとは見えなかった。トクヴィルがこの種の行為に控えめな反応を示していることからもそれがわかる。

インディアン民族の殲滅を招いたカルチャー・ショックは、個々の行為者の意図をはるかに超えるが、「あるインディアン民族が、自分たちの領土で暮らすことができなくなるとすれば」、アメリカ人が「友愛をこめて手を取り、その民族を彼らの死に場所へつれていくが、それは父祖の地の外にある場所だ」[1]とトクヴィルは指摘している。解放された黒人奴隷については、たしかに選挙権は与えられているが「投票しにいくのは」命がけだった。[2]

(1) トクヴィル『アメリカの民主主義』(歴史校訂版、第一巻) 第一版、二六一頁。
(2) 同右、二六五頁。

トクヴィルの体系的な展望には、複雑さを最小限にとどめようとする配慮が、同時代の古典的な著作家にくらべて、はるかに明確にうかがえる。「人間に関する事柄は表面的には多様だが、多くの事柄の源泉である少数の事柄をそのなかに見つけだすことはできる」[1]という確信をトクヴィルはさまざまな機会に表明している。こうして彼は限られた数の具体的な事柄から抽象的な理論を練るようになった。[2]この点において、ヨーロッパの遠い過去を探訪するトクヴィルは、研究の目標を特定の限られた問題であると明言していて、伝統的な意味での歴史家であるよりも、むしろ社会学者である。[3]きわめて近代的なこの研究法によって、トクヴィルは当初に検討した対象以外にも広い範囲に有効な判断を下し、社会力学の一般的なメカニズムを扱うことができた。たとえば、政治活動の習慣とそのなかでの実利主義の関係の問題などがその例である。この研究の端緒は、アメリカ合衆国とフランスの比較であり、トクヴィルは次のように書いている。「アメリカ人はつねにみずから国事を指導してきた民主的国民であるが、私たちは長いあいだ、国事をよりよい方法で処理できないかと夢見つづけてきた民主的国民だ。」この論理は、最終的には、政治的経験の不足と抽象的イデオロギーへの傾斜、国事運営の習慣と政治的実利主義、という二項のあいだの関連についての一般的法則に到達する。フランス革命の展開のほとんど宗教的な次元についても同様である。トクヴィルはこの問題について次のように書いている。「フランス革命は現世に対して、宗教革命の現世に対する行動と同じように行動している。」この視点に立ってレーモン・アロンは一九一七年の革命も視野に入れて、以下のように敷衍することが可能だとしている。「あらゆる政治革命は、普遍的に有効であろうとし、全人類救済の道であると主張するとき、部分的に宗教革命の性格を帯びる。」『アンシャン・レジームとフランス革命』のなかの総裁政府時代についての解説は、長びく革命的な社会変革につねにみられる無政府段階と専制政治段階とのあいだでの揺れについて、適切な解釈を示している。革命の時代には、行為者の意図とその結果のあいだのずれが、他の時期にくらべて破格的に大きい。情熱の冷めた革命家たちの多くは、かつて熱狂した理想を軽蔑するようになる。革命によって生まれる新しい秩序は、新しい支持層をつくり出さないかぎり、生き残ることはできない。平等主義的な情熱に追従するが自由を好むことはなくなる。第四章ですでに述べた「トクヴィル効果」は、一般論として受け取れば、社会が平等になればなるほど、そこに残る不平等が焦燥の原因となる。この規則の適用範囲は一般的で広範であり、いつの時代にも現代的でありつづける。

(1) トクヴィル『アメリカの民主主義』(歴史校訂版、第一巻)二五四頁。
(2) レーモン・アロン『社会学的思考の諸段階』二六二頁。

（3）『トクヴィル』九〇一頁所収、ジャン＝クロード・ランベルティ「『アンシャン・レジームとフランス革命』への序」参照。
（4）トクヴィル『アメリカの民主主義』（歴史校訂版、第二巻）三二頁。
（5）トクヴィル『アンシャン・レジームとフランス革命』八九頁。
（6）レーモン・アロン『社会学的思考の諸段階』二四二頁。
（7）『全集』二巻のⅡ、二七八頁所収「『アンシャン・レジームとフランス革命』についての未刊の断片とノート」（*L'Ancien Régime, Fragments et notes inédites sur la Révolution, Œuvres complètes*, t. II. vol. 2, Paris, Gallimard, 1953）。
（8）たとえばジャック・クーネン＝ウッター『共同観察と社会学理論』（Jacques Coenen-Huther, *Observation participante et théorie sociologique*, Paris, L'Harmattan, 1995）一章、三四～三六頁を参照。ここでは上記のようなプロセスがキブツで観測されていることが、指摘されている。

トクヴィルの著作から抜粋あるいは援用される一般命題は「もしAならばB」といった仮定文であることが多い。「仮に政治革命が普遍的に有効であろうとするならば、宗教革命の一部の性格を取り入れる」といった記述がその例である。これは科学的なプロジェクトとしての社会学を特徴づける、概括的な意図と積み重ねの配慮に対応している。この視点では、トクヴィル的な命題はグレーザーとストロースが概括理論または形式理論（formaltheory）と局所的または実体＝実在理論[1]（substantive theory）とのあいだの規則的な往復として提示しているものだ。この場合、形式理論は相対的な欲求不満や権力関係あるいは規定の構成など、社会学的分析の本来の目的にかかわるものであり、後者の実体＝実在理論は経験的に研究される具体的な分野から展開されていく。

（1）B・G・グレーザー／A・L・シュトラウス『基礎理論の発見』（B. G. Glaser & A. L. Strauss, *The Discovery of Grounded Theory*, Chicago, Aldine Publishing Company, 1967）。フランス語参考書目例として、たとえば、リュック・アルバレッロほか『社会科学研究の実践と理論』（Luc Albarello et al., *Pratiques et méthodes de recherche en sciences sociales*, Paris, Armand Colin, 1995）八五

〜八六頁。

トクヴィルは社会のなかでの現実を力学的側面から研究するときに、現代の社会学的な用語のミクロ－マクロ（巨視－微視）[1]の関係をとくに重視していて、ミクロ社会学的なレヴェルにみられる相互作用の状況を、一見瑣末にみえる形式で好んで記述する。しかしトクヴィルがこのような状況のなかに登場させる人物は、実際には実在のいずれかの行為者のカテゴリーを代表する理想的典型である。したがって、全体社会のマクロ社会学的なレヴェルで、これらの人物にかかってくる構造的な拘束が見過ごされることはない。前章でみたように、一七八九年以前のフランス農民個人がたどった運命が闊達な筆致で描かれている。また、「冬に町で使う金を貯めることしか考えていない」田舎貴族が登場するが、これは個人としての田舎貴族（小地主）なのだろうか、と問えば、「私がいいたいのは階級のことだ。階級だけが歴史の場に登場するはずなのだ」とトクヴィルが反論する。この点については、トクヴィルは、マルクス同様、ギゾーの弟子なのである。さらにより一般的に、当時の貴族階級が田園地帯を捨てていったことについても、特定の大臣や王の責任だとすることに反論して、「この事実の永続的な基本的原因は、特定の人間たちの意志ではなく、政治機構制度のゆっくりとした継続的作用である」[2]と述べている。

（1）ジェフリー・アレクサンダーほか編『巨視－微視連環』（Jeffrey Alexander et al., (eds), *The Micro-Macro Link*, Berkeley, University of California Press, 1987）参照。
（2）トクヴィル『アンシャン・レジームとフランス革命』一七九〜一八〇頁。

トクヴィルの社会力学には、行為者個人を超社会化した人形に変えてしまうような決定論はみられない。衰退する旧体制の社会的連携の崩壊という総合的な文脈のなかで、領地の農民の暮らしに配慮した富裕な領主は少なくなかった。「しかし、彼らの新しい階層を定める法に対して、幸いにも彼らは闘った。この法は彼らの意思に反して領民の暮らしに無関心になるように仕向けられていて、同様に、彼らのかつての領民が彼らに対して憎しみを抱くように仕向けられていたのだ。[1]」この指摘は重要だ。それは現代の社会学にある、相反する二つの流れの統合を予告している。社会的な圧力は個人にかかってくるが、個人は状況が指示する役割に甘んじるか、その反対に自分のなかに反撥する力を見出すか、なのだ。そこに人間の歴史の予測不可能な部分がある。

(1) トクヴィル『アンシャン・レジームとフランス革命』一七九頁。傍点は原著者(ジャック・クーネン＝ウッター)。

II 再び、過渡期

トクヴィルは、なによりもまず過渡期についてのすぐれた理論家である、といわれてきた。この点で、ヨーロッパの東部が大規模な過渡期のプロセスの端緒にあって、真に革命的だといえる激変に見舞われている現在、彼の著作が再び評価されるようになってきている。そのことの第一の教訓は、おそらく、何ごとにも「源泉となる事柄」あるいは「核心的思想」を求めて、表面的な断絶の裏にある連続性を再発見することである。一九一七年十月「世界を震撼させた十日間」は過去を「払拭する」根本的な断絶の様相を呈しているかにみられた。事実、一九一七年のロシア革命は中央ヨーロッパと東ヨーロッパの人びとの運命に長いあいだ影響を及ぼした。レーモン・アロンは、この革命がマルクスがいう階級間の敵対の図式よりも、むしろ政治機構制度の調整というトクヴィルの図式に適合すると指摘している。アロンは、トクヴィルの見地によれば「ロシア革命は、社会の近代化段階での旧体制の政治機構制度の崩壊である」と指摘し、「長期化した戦争がこの激変に拍車をかけた」[1]とつけ加えている。これはかなり重要な指摘だ。トクヴィルは、フランス革命による劇的な断絶の遠因が数世紀来の中央集権化のプロセスであるとみていたのだ。彼がフランスとアメリカ合衆国を比較し、フランスの歴史を振り返るようになったのは、こうした考え方があったからだった。トクヴィルの顰みにならえば、ロシア革命を時間的に超えたところに国境関係という問題が見えてくる。たしかにトクヴィルはアメリカとロシアについて同じように適切に判断していたが、それでも「アメリカ人は自然の障害に対して闘い、ロシア人は人間と争っている」[2]とみていた。両国をこのように識別することは決定的だ。ロシアは、国境付近に不安があり、強力な隣国の脅威にさらされ、数百年にわたって蒙古に侵略されていて、久しい以前から弱体化した国家である。この国家はつねに領土拡張政策に惹かれていたが、その原則は、潜在的な侵略者と自国の権力の中心とのあいだに最大限の距離をおくことであった。この傾向は体制の変革を超えて存在しつづけ、外交政策に当てられる財源と国民の福祉に費やされる財源の不均衡を招いて、ソヴィエト・ロシアにとっても帝政ロシアにとっても、惨憺たる結果をもたらしている[3]。逆説的だが、トクヴィルの核心的思想はアメリカとロシアの勢力増強について、これまで称揚されてきた予言を物語っているといえる。すなわち両国が、いつの日か「世界の半分の運命を」支配することになる[4]、ということだ。しかし同時に、この予言は最近のロシアの歴史の流れによって超克されることも物語っているのだ。

(1) レーモン・アロン『社会学的思考の諸段階』二四五頁。
(2) トクヴィル『アメリカの民主主義』(歴史校訂版、第一巻) 三一三頁。さらにエレーヌ・カレール・ダンコウス『ロシアの勝利』(Hélène Carrère d'Encausse, *Victorieuse Russie*, Paris, Fayard, 1992) 二二頁も参照。
(3) ジョルジュ・ソコロフ『弱体化した権力』(Georges Sokoloff, *La puissance pauvre*, Paris, Fayard, 1993) とエレーヌ・カレール・ダンコウスの前掲書を参照。
(4) トクヴィル『アメリカの民主主義』(歴史校訂版、第一巻) 三一四頁。

いずれにしても、帝政ロシアを揺るぎない専制政治から一九一七年の革命の混乱に導いた過渡期の年月は、フランスの旧体制の崩壊の末期と酷似している。ロシアのトクヴィルの読者はこの点について誤らなかった。『アメリカの民主主義』とは異なり、『アンシャン・レジームとフランス革命』はロシアでかなり好評であった。ロシアでの旧体制の確立が遅かったこともあって、この著書の発刊当時、ロシアでは貴族の不在地主制度の弊害がみられた。十九世紀のロシアの田園地帯についての証言は、この点を雄弁に物語っている。「ある農民は次のように証言している。旧ポメチック(地主)にはいいところがあった。私たちが地主を養う親であり地主の財でもあるから、地主は面倒をみてくれた。乳の出る牛を殺すようなことをする者はいない。いまはバリーン(領主さま)がいなくなって、私たちを守ってくれる者はいない(中略)。いまでは領主さまは領地を放り出してしまって、農民は作物はあるが誰も援助してくれない[1]。」ロシアでは、十八世紀のフランスでそうであったように、田園地帯の放棄が中央集権の強化と表裏一体であることに、ようやく気づきはじめていた。農民階級の解放の試みが引き起こした混乱の影響が表われていたのだ。ロシアのスラブ派は、自治（self-government）の思想に魅力を感じていながら、中央集権支持者であった彼らは国家の統一に不安を抱き、『アンシャン・レジームとフランス革命』を読み、フランスとは異なる評価をした。[2] しかし解放のツァーと呼ばれたアレクサンドル二世の周辺で、遅すぎた改革の準備が始められたときに読まれたのも、やはり『アンシャン・レジームとフランス革命』であった。そこには次のように記されている。「革命にいたるのは事態が悪化の一歩を辿るからだとは限らない（中略）。革命が打倒する体制は大方の場合、一時代前の体制よりもましなのだ。そして質の悪い政府にとっての最も危険なときは通常、改革を始めようとするときだ。[3]」歴史の皮肉、そして抜本的であろうとする断絶の根底にある連続性が生む結果が、ストリピンの悲劇的な運命を予告していたといえることから、トクヴィルの言葉はゴルバチョフ政権下のペレストロイカの年月にも当てはまるのだ。[4]

（1）L・ウェーバー＝ハウラーに伝えられたことを彼自身が語っている。『ロシアから西欧へ・ある人生のこだま』（L. Weber-Bauler, *De Russie en Occident, Echo d'une vie*, La Baconnière, Boudry, 1942）八八〜八九頁を参照。

（2）フランソワーズ・メロニオ『トクヴィルとフランス人』一五八〜一六〇頁を参照。

（3）トクヴィル『アンシャン・レジームとフランス革命』二二三頁。

（4）ジョルジュ・ソコロフが前掲書で指摘している（七五三頁）。

共産主義の崩壊も、マルクス思想の衰退も、現在のトクヴィルの再評価を説明するものではない。しかし現代において、中央ヨーロッパおよび東ヨーロッパで、数百万の人びとが質は低くとも安定した生活を保障していた時代の習慣と、容易に馴染めない新しい社会の仕組みとのあいだで思い煩っていて、最終的な解決の予測は不可能に近いが、[1] それはおおよそトクヴィルが経験し描写した状況であり、彼の著作によって私たちにも理解できる。そしてそのことでトクヴィルは現在最も現代的な社会学の先駆者であるとされているのだ。

（1） J・クーネン＝ウッター／B・シニャック編『共産主義以後のポーランド、全体主義から民主主義へ？』一二四頁所収のクーネン＝ウッター「社会学への挑戦としての革命的変革」(Jacques Coenen-Huther, Revolutionary Changes as a Challenge for Sociologie, in J. Coenen-Hutter et B. Synak eds, *Post-Communist Poland: From Totalitarianism to Democracy?*, Commack, New York, Nova Science Publishers, 1993)。

トクヴィルは、不平等が急激な変化の時代よりも安定期において容易に受け入れられるという真理を記しているが、ロシアを含む東ヨーロッパを攪乱する多くの事変が、いままた新たにこの真理を実証している。この論の出発点は、第三章で述べた召使いと主人の関係という微小社会学にある。一般的な言い方をすれば、『アメリカの民主主義』の第二巻[1]の引用であるこの一節の教訓は、社会的政治的安定期には不平等な社会関係が前提とされているということだ。つまり、この問題について改めて問いなおすことはないのである。支配する者と支配される者は、こうして自分たちの地位についても相互の関係についても安定した型をもつ。これらの型は運命論的に受け入れられたり、ときには諦念をもって受け入れられている。この仕組みを乱すような変化の予兆はまったくない。不利な者の不運はある種の気分的な気楽さで補完されるが、それはアンシャン・レジーム（旧体制）の下でそうであったように、過渡期になると必ず消える。

（1） トクヴィル『アメリカの民主主義』（歴史校訂版、第二巻）一五四〜一五九頁。

変化が経済危機を伴い、襲いかかる脅威が均等ではないと、相対的な不満感のメカニズムが現われる。獲得された自由はすぐに既得権と考えられたり、取るに足りないとされたりして――前章ですでに引用した言葉でいえば――「不満をいわずに（中略）最も苛酷な法に耐えた(1)」人びとは、新たな不平等に動揺して、堪えがたいと考える。実際に以前の制度のほうが平等だったというのではなく、あたかもそうであったかのような印象を抱くのだ。こうした感触はトクヴィルならば民主主義社会の専制型変形だと考えたであろうような形で表現され、レーモン・アロンがいっているように「無力感と隷属状態の平等のなかで(2)」個人を打ちのめす社会秩序をつくり出してしまう。

（1）トクヴィル『アンシャン・レジームとフランス革命』二二三頁。
（2）レーモン・アロン『社会学的思考の諸段階』三〇八頁。

以前の不平等には運命だということで耐えていたのが、最近現われた不平等に対しては厳しく指弾するようになっているのは、崩壊した体制に隠蔽する能力が欠けていたからではなく、東ヨーロッパでの過渡的な社会情勢が原因である。近代の夜明けと同じように、社会契約が破棄されているのだ。封建的契約は、トクヴィルが説いているように、慰謝と保護の契約だった。スターリン後の共産主義契約はテルミドール型の正常化に相当していた。それは犠牲と事後の慰謝につづいた服従と限られた自由の契約だった。言い換えれば、ほとんど何も与えられず、期待する理由もない人には、比較的要求が少なかった。このようにして「服従の承諾(1)」がいわば取りつけられた。トクヴィル説のこの変形は、ソヴィエト型の共産主義が長つづきしたことの説明として有効であるが、同時に、その予想外の再出現の理由を理解するきっかけでもある。

（1）フランソワーズ・メロニオ『トクヴィルとフランス人』二八〇頁以降。

実際に、現在進行中の激変から派生した社会的な配置変えは、トクヴィルが分析しているフランスの田園地域の変化を思わせる新しい力関係と身分制度の新たな不安定さを生む原因となっている。一例を挙げれば、一九九〇年秋にハンガリーで、タクシーとトラックの運転手がアンタル政権の経済政策に抗議して道路を封鎖した事件がある。この行動の発端には小規模企業主たちがいた。ガソリンの値上がりに彼らが反対した遠因は、企業主となったこと自体が彼らの立場を弱体化し、企業面に転向した旧ノーメンクラツーラ（特権階級）に依存するようになってしまったことだった。タクシーの運転手は他の業種にくらべて不運だったのだろうか。そうではない。他の人びとにくらべればそれほど困窮してはいなかった。しかし彼らは、ほぼ満足すべき収入があるにもかかわらず、資格が低く、地位が低いとみられがちで、身分が曖昧であったことで、中流階級に参入する期待と周辺的状況に落ち込む恐怖とのあいだで揺れていた。[1]

（1）K・A・シャハトシュナイダー編『革命時の経済、社会、国家』五六三〜六〇〇頁所収のヘンリック・クロイツ「中欧とソヴィエト連邦における共産主義支配の変容」（Henrik Kreutz, Die Transformation der kommunistischen Herrschaft in Ostmitteleuropa und der Sowjetunion : Zusammenbruch, Reform oder trojanisches Pferd?, *in* K. A. Schachtschneider, Hrsg., *Wirtschaft, Gesellschaft und Staat im Umbruch*, Berlin, Duncker und Humblot, 1995）。

「果されなかった約束」の亡霊がヨーロッパの東部を彷徨し、[1] ポスト共産主義の政治活動の変動は、この地域の多くの国民がすべて「一七八九年の自由を愛した、いや熱狂的に愛したと思っていたが、一七九九年にはもはや愛していなかった」フランス人の精神状態[2]と同じような状態にあるように思われる。トクヴィルはこの種のエピソードから一般的な法則を引き出していて、自由の魅力は、人間精神のあらかじめある観念ではないという考え方に傾いていた。人間は「急激な衝動と唐突な努力によって自由に向かって駆けるのであって、狙った目標を外せば、諦めてしまう」とトクヴィルはいっている。選択を強いられると、人間は「自由な状態での不平等よりも服従に基づく平等を好む[3]」傾向があるのだ。

(1) J・クーネン゠ウッター／B・シニャック編『共産主義以後のポーランド、全体主義から民主主義へ?』一七頁所収のミラ・マロディ「ポーランドの国体と社会」。
(2)『全集』第二巻のⅡ、二七六頁「『アンシャン・レジームとフランス革命』についての未刊の断片とノート」。
(3) トクヴィル『アメリカの民主主義』(歴史校訂版、第一巻)四四頁。

トクヴィルは、国事への参加の慣習と連合活動の活力とが、政治的民主主義にとっての強力な切札だとみていた、といわれたことがある。この点で『アメリカの民主主義』の二巻は、政治教育の方法がまったくなかった大革命当時のフランス人にとっての「民主主義導入の教則本[1]」と考えることができる。ところが、現代では、政治的教養の欠如が権力あるいは天下りの救い主の崇拝だった[2]こと、そして連合活動の素地が退廃したことは、まさにソヴィエト型の体制の遺産であった[3]のだ。つまり東ヨーロッパ諸国では、一貫した継続的な政治活動を伴わない相対的不満感の集団的症状はトクヴィル的な処方に対当する。これらの諸国での権威ある知識人が急速に影響力を失ったことさえもトクヴィルが十八世紀のフランスについて示唆している解釈の図式に相当する。政治活動が厳しく制限されていて文学に封じ込められていたが、諸条件が急激に変化し、文字という代替も魅力を失い、同時に存在理由もなくしてしまったようである。

（1）フランソワーズ・メロニオ『トクヴィルとフランス人』三九頁。
（2）前掲書、一八頁、ミラ・マロディ「ポーランドの国体と社会」。
（3）クーネン＝ウッター／シニャック編『共産主義以後のポーランド』四頁所収、B・シニャック「ポーランドの社会、均質から多様へ」およびクーネン＝ウッター編『岐路に立つブルガリア』十一章、二〇九～二三一頁所収、シュテファン・ニコロフ「益ない区域での困難な再生」(Brunon Synak, The Polish Society : From Homogeneity to Diversity; Stephan Nikolov, The Difficult Rebirth of a Non-Profit Sector, in J.Coenen-Huther, éd. *Bulgaria at the Crossroads*, Commack, New York, Nova Science Publishers, 1996)。

革命の大波乱を越えて、トクヴィルは絶対王制から皇帝政治への底深い連続性を見極めたと考えていた。彼はその時代に皇帝政治を越えて全体主義を想像することはできなかった。しかし、トクヴィルの直感が全体主義の傷跡の分析の指針となっていることは否めない。

Ⅲ　個人性と社会性

社会学思想の歴史では、社会をその構成員の総和と捉える派と、個人的特質には還元できない特性を社会に与える派とに分かれての討論のくり返しが長いあいだ続いていた。こんにちでは両者の中間的な立場に立つのが良識的だと考えられる。すなわち、あらゆる社会は一定の秩序で区分けされる個人で構成され、その秩序がさらにひとつの構造を構成していて、さらにその構造は全体と全体を構成するすべての要素に影響を与えずに変化することはないと考えられている。

トクヴィルの著作は、社会の現実に個人的な戦術の凝縮しかみない還元主義的立場と個人を社会的な出自によって計画化されているとする決定論的社会学の中間的立場を予告している。したがって、このような理論的また方法論的な立場を陰に陽に掲げる社会学のアプローチを「トクヴィル的相互作用主義のパラダイム」と呼んだことは当を得ているといえる。[1] この展望に立つと、個々の行為者には選択能力があることになる。つまり行為者の意図が自分の行動の解釈の基本的要素なのだ。しかし彼の意図は「ある場合には、彼の過去を知らないと、不可解になることがあり」、またさらに「一般的にいって、行為者の社会状態から派生する構造的拘束を勘案しないとわからない[2]」。

(1) レーモン・ブドン『邪な成果と社会秩序へ』(Raymond Boudon, *Effets pervers et ordre social*, Paris, PUF, Coll. <Sociologies>, 2ᵉ éd. 1979) 二二五〜二二四頁。

(2) 同右、一八八頁。

意図的行為者のパラダイムは、みずからの過去を背負い、構造的拘束にとらわれていて、トクヴィルの個人性と社会性の関係についての概念のなかに、その萌芽がある。『アメリカの民主主義』第一巻でトクヴィルはアメリカに定着したアングロ‐アメリカ社会の理解の理論的出発点を求めている。トクヴィルはいう。「ひとりの人間が生まれた(中略)、成長し(中略)、彼を受け入れるため、ようやく社会の扉が開く(中略)、そしてはじめて、彼のことについて検討される[1](後略)。」これは大きな誤りだ。そうではなく「過去に遡って、母の腕のなかの子供を調べなさい。その子供の知恵のまだ曇っている鏡に最初に映る外界をみなさい。子供の目に入る最初の手本をよくみなさい。まだ眠っている思考力を呼び覚ます最初の言葉に耳を傾けなさい。そして最後に子供がはじめて身を呈する闘いをみなさい。こうしてはじめて先入観や習慣や情熱など、生涯子供を支配することになることが、どこから来るのかがわかるのです。人間はいわば全体が揺りかごのときの産着のなかにあるのです[2]」。のちにジョージ＝ハーバート・ミードの弟子たちによって明らかにされ、ピーター・バーガーとトーマス・ルックマン[3]が分析した内面化／外面化のプロセスを、これほど明確に表明している言表はない。ここには真に個人性と社会性の解釈がある。そして過去が大切なのだ。私たちは誰もが「こうして自分より前に生きた同種の他の多くの個体の要約だと思うことができるのだ[4]」。

（1）トクヴィル『アメリカの民主主義』（歴史校訂版、第一巻）二四頁。
（2）同右、二五頁。
（3）ピーター・バーガー／トーマス・ルックマン『現実の社会構造』（Peter Berger & Thomas Luckmann, *The Social Construction of Reality*, London & New York, Doubleday, 1966. Traduction fr., *La construction sociale de la réalité*, Paris, Méridiens, 1986）参照。
（4）同右。

トクヴィルにとっては人びとも個体も同じである。「民族の性格といわれるものを構成しているすべてについて[1]」の説明は、ときに遠い過去に遡らなければわからない。これは動物の種の本能的組織化の人間版[2]であることがわかっている制度化のプロセスである。こうしてアメリカの大地に最初に着いた移民たちにとっては、「最初の出発点から彼ら自身のなかにある社会を築くことは自分たちだけでできることではなかった。過去を完全に脱却できる者はいない。彼らも、意図したしないにかかわらず、彼らが教育されて得たこと、自分たちの国の民族的な伝統に学んだ考え方や慣習を自分自身の考え方や慣習にまざることになった」[3]。時が移り場所が変わって、個体はそのような慣習と考え方が生まれるように行動しなければならなかった。それがやがて徐々に結晶して先入観となり、固有の実在としての習慣や情熱となった。人間精神のうちに源泉が宿るというこの客観化は、トクヴィルの思想のなかで少なからぬ役割をはたす社会状態（état social）の概念によって明確に表わされている。トクヴィルによれば、社会状態は「ある時代にある民族が置かれている物理的、知的条件」にほかならない。しかし、ここでとくに強調すべきことはトクヴィルが社会状態に与えている役割である。トクヴィルは次のようにつけ加えている。「社会状態とは通常ある事実の所産であり、ときには法律の所産だが、事実と法律の両者を合わせたものの所産であることが多い。しかし、一度社会状態が存在すると、それ自体が民族の行動を調整するほとんどの法律、慣習、思想などの第一原因だと考えられる。それらは社会状態がつくり出すものではなく、変形するものだ[4]。」

（1）ピーター・バーガー／トーマス・ルックマン『現実の社会構造』。
（2）P・ド・ロービエほか編『連帯の実践。ロジェ・ジロ教授記念論文』所収、クーネン＝ウッター「制度、自由、連帯——制度論についての考察」(Jacques Coenen-Huther, Institutions, libertés, solidarités : contribution à une théorie de l'institution, *in* P. de Laubier et al. (eds), *Pratiques de solidarités. Hommage au Professeur Roger Girod*, Lausanne, Réalités, 1991)。
（3）トクヴィル『アメリカの民主主義』(歴史校訂版、第一巻) 三六頁。
（4）同右、三七頁。

『アンシャン・レジームとフランス革命』にみられる例によって、トクヴィルの思想のなかで、社会性がどのようにして浮上のプロセスの役割をはたすのかが理解できる。これまでにも指摘したが、トクヴィルは十八世紀フランスの地方の状況に関心を示している。その結果、トクヴィルは、地方での農業、商業の開発がイギリスほど進んでいないことを検証している。この状態もまた彼はフランスで行政が大幅に中央集権化されていることから派生したものだとしている。当時のフランスではイギリスにくらべて、国の威光が大きかった。公職、「高い地位」(place)のポストの数も多く、魅力のある職場だった。こうした状況のなかで、「富裕な平民」は、自分の所有地を活用することよりもむしろ都会で王室の役職に就くことを選ぶようになり、「自分の土地を貸して、近隣の町に移っていった」。町に移住することで、免税措置が適用されるうえに(1)、田舎でタイユ税の徴収という厄介でときには危険でさえある仕事をしなくてもすむ(2)。また有産者は少し資金が貯まると「商売に使わずに、すぐに高い地位の職を金で買った(3)」。

(1) トクヴィル『アンシャン・レジームとフランス革命』一五三〜一五四頁。
(2) 同右、一八二頁。
(3) 同右、一五四頁。

こうして、国際的な比較の対象となりうる巨大社会的なプロセスが、個人的な行動について理解が可能になっている。つまり、たとえ自分があるプロセスの関係者と同じ行動をとらないと感じても、彼らの立場に立って行動の動機を理解することができるようになるのだ。しかし、行為者の内面での関心の位置づけは社会構造によって大きく左右される。土地所有者(地主)が自分の所有地に留まるか否かは自由だが、行政の中央集権化と税制が、その種の条件を変更するように促す。土地放棄のプロセスが一度始まると、つぎつぎにことが起きて、実利計算ではおそらく説明がつかなくなる。[1] 土地所有者の多くが不在地主となっていく現象は、本質的には、固有の論理で展開する新しい社会現象である。トクヴィルにいわせれば、「官職」を得ることは「貧しい野心」かもしれないが、野心であることに変わりはない。彼自身『アンシャン・レジームとフランス革命』のなかで、「第三身分は虚栄心を煽られて、ただただ公務の職を得ることにのみ奔走し」、「国民の腹の底まで官職への執着を染み透らせた[2]」と説明している。この点からでも当時の気風への過去の体制の影響は大きい。「売官制度を定着させたのはルイ十二世で、アンリ四世はこの制度の魅力があまりにも大きく有徳の士も負けてしまうので、世襲にしてしまった。[3]」当時の社会状況の流れに押されて、こうした動きに追随する傾向が強くなったからだった。すでに十七世紀にラ・ブリュイエールは『人さまざま』のなかで、「フランスでは官職や仕事なしで、自宅に引きこもることをあえてするには、よほどの決心と大らかな心をもっていなければならない[4]」と指摘している。長期的にみれば、このような過程はある種の流行病だといえる。レーモン・ブドン[5]が、形式に関してのトクヴィルの質的な分析はコールマンとその協力者が実施している新薬普及のための計量分析とまったく変わらない[6]、といっているのには上記の実情があったのだ。これは進化が進むにつれて選択の幅が狭くなることを意味している。ジャン＝ミシェル・ベルトロが最近発表した理解の図式の類型論を使えば、トクヴィルが提案する理論は「共演項的図式」に属するといえるだろう。しかしこの図式が含む可能性の系譜では、理論展開の論理は、動因の極と相互作用状況の極との中間に位置する。[7]

（1）ただしモデル化の目的で実利計算の優先を方法論の前提とすることは、まったく正当なことではある。
（2）トクヴィル『アンシャン・レジームとフランス革命』一六四頁。
（3）同右、一六五頁。
（4）ジャン・ド・ラ・ブリュイエール『人さまざま』（Jean de La Bruyère, *Caractères*, 1688. Réédition, Paris, Nelson, 1956）一二一頁。
（5）レーモン・ブドン『無秩序の場』（Raymond Boudon, *La Place du désordre*, Paris, PUF, Coll. <Sociologies>, 1984）五一頁。
（6）J・S・コールマン／E・カッツ／H・メンゼル『医学革新』（J. S. Coleman, E. Katz & H. Menzel, *Medical Innovation*, A Diffusion Study, New York, Bobbs-Merrill, 1966）。
（7）ジャン＝ミシェル・ベルトロ『不確実性の利点。社会科学における労働の分析』（Jean-Michel Berthelot, *Les vertus de l'incertitude. Le travail de l'analyse dans les sciences sociales*, Paris, PUF, coll. < Sociologie d'aujourd'hui >, 1996）七八～八一、一九一～一九二頁。

このように個人的行動が社会構造に誘発されて凝縮し、その現象のプロセスの展開にともなって、最終的には巨大な社会的効果を生み出すことになる。トクヴィルはこのことを意識している。行為者個人がさまざまな理由から田舎を捨てるのだが、トクヴィルは、そのことが「フランスにはヨーロッパの他の国にくらべて多くの都市、とくに小都市がある」[1]理由だと思いついた。中央集権的国家、官僚と小都市の国、力関係と駆け引きの対象となる官職、これらがトクヴィルの著作のなかで大きい位置を占める変化の裏にある連続性である。そしてここで再び、結果であり同時に原因である社会状態という概念に行き着く。トクヴィルのなかで、この概念は社会的なるものの生産と再生産に関する含みのある概念の統合になる。

（1）ベルトロ『不確実性の利点』一五四頁。

トクヴィルの、社会的なるものについての非・決定論的なこの概念は、個人的行動とそれらの行動にかかる拘束の分析とが組み合わせられる暗黙の方法論をともなっていて、いわば時代を先取りした思想であった。子弟の関係はなかったが、のちにマックス・ヴェーバーもトクヴィルとよく似た方法論的な立場をとっている。ヴェーバーもトクヴィルも、人間の行動は意図的な行為だと考えている。またさらに、両者にとって人間の行動の究極目的は、独自の変数として存在しているのではない。したがって究極目的は解説を必要とする。しかし部分的決定論は——構造、行動のコンテクスト、社会化の役割によって——行為者の自由裁量の幅をなくすことはない。ずっとのちになり、マックス・ヴェーバーの著作に慣れ親しむに従って、はじめてトクヴィルの著作が再発見され、その理論的方法論的な重要性が認識されるようになったのである。

二十世紀の終わりにあたって、トクヴィルが再び関心の的となっていることに異論の余地はないが、この再発見の意味を考えることはむだではない。この関心は、トクヴィルの著作の評価についてコンセンサスがあることを示すのだろうか。それとも逆に、多様で多岐にわたる関心がたまたまトクヴィルに集中したのだろうか。どちらかといえば後者の解釈のほうが説得力がある。五〇年代にレーモン・アロンによって再発掘されたトクヴィルは、なによりもまず、中産階級社会について考えた思想家であり、繁栄の恩恵が一般に浸透して激烈な階級闘争が次第に排除され平穏さを回復した社会での思想家だった。六〇年代にクロジエが言及しているトクヴィルは、フランスの官僚制の分析家であり、やがて「閉塞社会」の検察側証人となっていく。さらに七〇年代には歴史的連続性の理論家だとされて、社会学と歴史学の統合への新たな動きの先駆者と目された。フランソワ・フュレは、やや批判的ではあるが、『アンシャン・レジームとフランス革命』をフランス史の理解に欠くべからざる著作だと認めている。一方、同じころレーモン・ブドンは、トクヴィルを正統的な方法論の個体主義を象徴する人物として紹介し、しばしば彼の理論の永続性の例をとりあげ、それが堅実で「学問的な有効性の基準を完全に満たしている」と述べている。[1]

（1）レーモン・ブドン『公正と真実』四三頁。

トクヴィルの著作は、社会的対立についての短絡的なヴィジョンからの決別、上意下達の欲望を虚しくするような社会の重苦しさが発する警告、現在の理解に役立つ歴史的学識と科学としての社会学が要求する方法論の厳密さ、それらすべてを、こんにちの社会学に対して同時に示している。

だがこれだけでは、こんにち、トクヴィルが人文科学の専門家の領域を越えて、なぜ幅広く教養人の関心の的となっているかを完全に説明できるものではないだろう。社会学的思想は閉ざされた環境のなかで展開されるのではなく、絶えず社会の問題に直面し、社会の変化によって問いなおされ、時代の気風に影響される。開かれた精神の持ち主であったトクヴィルは、世界に目を向けてイギリスの政治機構体制に興味を示し、アメリカの社会に魅惑され、きわめて多様な文化や体制に関心をもっていたが、それにもまして、「フランスの例外」[1]といわれていたフランスの特殊性についての理論家であった。現在トクヴィルに寄せられている関心が、少なくとも部分的には、この特殊性をよりよく理解して、その内にある無力化する力を乗り越えようという配慮によるものであることは疑うべくもない。さらに、かつて新世界の現実をフランス人に紹介したトクヴィルは、こんにち、ソ連帝国の崩壊につづく混乱を理解するための鍵を提供する思想家とも考えられている。これもまたトクヴィルの著作の再評価につながる。

（1）フランソワーズ・メロニオ『トクヴィルとフランス人』二九四頁。

しかし、現在みられるトクヴィルの再評価にはそれ以上のなにかがあると思われる。レーモン・アロンの言葉を借りていうならば、トクヴィルの「明澄で哀しい文体」には、実際、こんにち、私たちの感性と知性に訴えるものがある。それはまず文体が明澄だからなのだが、明澄でありながらそこここに哀愁が漂っていることもまたその理由だろう。トクヴィルは、私たちにとって、驚くほど現代的だと思われる明確さで、当時最も急を要した問題点を明らかにしている。社会学の他の先駆者と同様に、トクヴィルは、かつて集団的な社会関係のなかで具体化した社会的絆が解けていくことに心を煩わしていた。彼は個人主義への傾斜に気づいて、無関心や公徳心の衰退、私生活への自閉などのような悪影響を推し量り、こうした状況を補完するにはどのようなメカニズムがあるかを考えている。また、新しい形の貧困がもたらす脱落の危険についても敏感である。トクヴィルは土地所有権をいまだかつてなかった形の専制主義に対する最後の砦と考えていたから、この権利に手をつけることは拒否する姿勢だったが、相互扶助という旧来の形態の代替としての社会政策を制度化する必要性は認めていた。ところで、こんにち見られる社会的絆の崩壊が、トクヴィルが経験した危機ほど重大ではないと考える理由はまったくない。給与生活者が一般化して、現代性の最大の特徴のひとつだとされているが、はたしてこのままの状態がつづくのだろうか。[1] 現在までのところ社会保障の基礎であった保険機構は、もはや老朽化してしまっているのではないだろうか。[2] これらの疑問は、形こそ新しくなってはいるが、トクヴィルにとっての基本的な問題点と重なる。すなわち、社会的結合の基盤、変化のなかでの最低の安定性の条件、自由と平等の弁証法などが、それだ。しかし、トクヴィルにも私たちにも、明日がこんにちよりもよくなるという確証はない。おそらく、これは私たちのほろ苦い思いの承認の奥深い理由なのだろう。

（1）これはロベール・カステルが提示している疑問である。カステル『社会問題の変容』参照。
（2）ピエール・ロザンヴァロン『新しい社会問題』（Pierre Rosanvallon, *La nouvelle question sociale*, Paris, Le Seuil, 1995）。

トクヴィル略年譜

一八〇五年

アレクシス＝シャルル＝アンリ・ド・トクヴィル（Alexis-Charles-Henri de Tocqueville）は、共和暦三年熱月（テルミドール）十一日（一八〇五年七月二十九日）、パリ、ルール地区ヴィル・ド・レヴェック街九八七番（987 rue de la Ville-l'Evêque, division du Roule, Paris）で、エルヴェ＝ルイ＝フランソワ＝ジャン＝ボナヴァンテュール クレレル（Hervé-Louis-François-Jean-Bonaventure Clérel）三十三歳とルイーズ＝マドレーヌ・ル・ペルティエ・ロザンボ（Louise-Madeleine le Pelletier Rosambbo）三十三歳の第三子として誕生。クレレル家はノルマンディーの貴族で、十六世紀末に婚姻によりコタンタン地方トクヴィル教区（Cotentin, Paroisse de Tocqueville）のオーヴィルの封土（fief d'Auville）を得ている。後にクレレルはトクヴィルのクレレルと呼ばれた。

アレクシスの両親は革命当時のことで、貴族だったトクヴィル家の多くの同族と同様、一七九三年に逮捕投獄された。幸い死刑はまぬかれたが、テルミドール九日に釈放されたのちも獄中の苦難の影響が残り、ことに母親は神経症が完全に治癒することはなかった。

長兄イポリット（Hyppolyte）は一七九七年生まれで軍人、次男エドワール（Edouard）も軍人となったが、健康がすぐれず退役している。

一八一七―一八二〇年
レストラシオン（ブルボン家の王政復古時代）時代に父は移動知事を勤めるようになる。
やがて母親は父の転勤に同道することを拒否し、アレクシスは母親の下に残る。当時のアレクシスの宗教と一般的教育は家庭教師のルシュール師（Abbé Lesueur）の手に委ねられた。

一八二〇年
父親がメッツ知事当時、アレクシスを呼び寄せる。

一八二一年
七月。最初の精神的危機。普遍的懐疑（doute universel）。信仰を失う。
十一月。メッツの王立高等学校に入学。

一八二三―一八二六年
法律学の勉学を続ける。一八二六年学位取得。

同年十一月、兄エドワールとイタリア、シチリアに旅行。このとき記した記録のノートは、アレクシスの友人ギュスターヴ・ド・ボーモンによれば、アレクシスの精神的遍歴を知るための有力な手がかりであったが、惜しくも失われてしまった。

一八二七―一八二九年

一八二七年四月六日、セーヌ・オワーズ県知事であった父の支持を得て、ヴェルサイユ裁判所の陪席判事に任命された。

このころ生涯の友となるギュスターヴ・ド・ボーモン（Gustave de Beaumont　一八〇二年生、当時ヴェルサイユの王室検事代理）と出会う。

一八二八（一八二九）年。ヴェルサイユ裁判所の休み開けの講演を依頼される。主題は「決闘」。アレクシスはあまり乗り気ではない。しかしこのとき主張した「慣習においては、法律は無力である」という理論は、後年さらに拡大されていく重要な理論である。

アレクシスにはこのころすでに政治的な野心があった。友人のボーモン宛の手紙にその旨、記している。

チエール（Thiers）の『革命の歴史』を読み、そのシニシズムに嫌悪感をおぼえる。この読書と同時にソルボンヌでギゾー（Guizot）の講義（とくに一八二八年から一八三〇年にかけての「ヨーロッパ文明史」）を聴講している。

一八三〇年

七月革命当時はヴェルサイユで事件を目のあたりにする。八月十六日、司法官として革命政権への忠誠宣誓。この宣誓について悩み、この日は「わが人生の最も不幸な日に数えられる」と記した。

その八月にアメリカ旅行の計画を立て、計画案を十月四日にシャルル・ストッフェル（Charles Stoffels）に託す。

この旅行の表向きの目的は行刑制度の視察。十月、ギュスターヴ・ド・ボーモンが内務大臣宛の報告書を作成、再犯防止に効果的なアメリカの行刑制度の調査の必要性を強調した。一八三一年内務大臣モンタリヴェ（Montalivet）が計画を承認し、ギュスターヴとアレクシスは十八カ月の休暇を許された。

一八三一―一八三二年

アメリカ滞在。アレクシスとギュスターヴは一八三一年三月十一日にニューヨークに到着し、一八三二年二月二十日にル・アーヴルに帰港した。

二人はアメリカ東海岸のニューヨーク、ボストン、フィラデルフィア、バルチモア、ワシントンなどの都市を歴訪し、さらにアメリカ北西部とカナダ、またニューオルリーンズにいたる地方を周遊している。旅行の公式目的である行刑制度視察も疎漏なく着実に実行して、シンシン、アルバニー、オーバーン、デトロイト、ボストン、ハートホード、フィラデルフィアの監獄を見学している。しかしこの旅行は究極的な目標である民主主義の研究を主眼としていたわけではなかった。

一方、アレクシスとギュスターヴは観光にも関心があった。深い森や荒野、植民のファーウェストまで訪れて、インディアンに会う。カナダにも足をのばして、ケベックではフランス人共同体を発見して少なからず驚き、また五大湖とナイアガラの滝を見物してアレクシスは「原始の自由よ、私はいま、ようやく、君を見出した」と叫ぶ。

この地域を再度訪問してニューオルリーンズまで下り、オハイオ川で遭難する。一八三一年十二月、ミシシッピ川は凍結していた。アレクシスは体調を崩してしまった。メンフィスでは、インディアン部族が故郷を捨てて移住しているのに出会い、その移住の理由が「自由であるため」というのを聞いてアレクシスはインディアンの悲しい現実を知る。

一八三二年
帰国。パリ。この年はとくに事件が多かった。

コレラ流行。

『アメリカ合衆国の刑務所制度とフランスへのその適用』(*Du système pénitentiaire aux Etats-Unis et de son application en France*)ちくま学芸文庫『旧体制と大革命』解説五五一頁所載の書名、『アメリカ合衆国における行刑制度について』中央公論社『世界の名著』40、五五七頁所載の書名をギュスターヴと共同執筆。本文は主にギュスターヴが執筆、アレクシスは注を作成。

一八三二年五月十六日、ギュスターヴはブルボン公の死に関する名誉毀損裁判に出廷を拒否してセーヌ小審裁判所検事の職を解かれた。アレクシスはギュスターヴと連帯して自ら辞職。

アレクシスはギュスターヴともども、弁護士会に登録した。ギュスターヴは法廷に立つことはなかったが、アレクシスは一度だけ、ベリー公爵夫人の恋愛事件関連の裁判で友人のルイ・ド・ケールゴルレーが召喚されたときに弁護している。

一八三三年

一月。『アメリカ合衆国における行刑制度について』刊行。同著はモンティオン（Montyon）賞を受賞し、アレクシス、ギュスターヴはそれぞれ三千フランの賞金を獲得した。同著は一八三六年と一八四四年に再版されている。

八月三日から九月九日まで、アレクシスは英国に滞在する。統計学者のゲリーと語らって政治経済の雑誌の創刊を計画する。

十月、アレクシスは『アメリカの民主政治』（本書では『アメリカの民主主義』と訳した。なお、邦訳の表題は、井伊玄太郎訳、講談社学術文庫では同じく『アメリカの民主主義』、中央公論社の岩永健吉郎訳のそれは『アメリカにおけるデモクラシーについて』となっている）第一部の執筆に取りかかる。

一八三五年

一月二十三日、『アメリカの民主主義』第一部、ゴスラン社より刊行。この年の話題の書となり、アレクシスは文学サロンや政界で名声を得る。シャトーブリアンとロワイエ＝コラール（Royer-Collard）の後援を得る。また新聞その他でも絶賛される。イタリアの新聞の創設者カヴール（Camillo Benso de Cavour）は「これこそまさに現代の最高の名著である。私はこの著書が未来の政治について他に類例をみない新たな解明の光をもたらしていると考える」と記した。

『アメリカの民主主義』はモンティオン賞を受賞、アレクシスは一万二千フランを獲得した。同書は一八三五年に二度再版、一八三六年、三八年、三九年と三度再版された。

四月から六月にかけて、ギュスターヴと英国およびアイルランドに旅する。この年ギュスターヴはアメリカでの奴隷制度に関する著書『マリー』を上梓。アレクシスはイギリスでジョン＝スチュアート・ミル（John Stuart Mill）に会って、『ロンドン・ウェストミンスター・リヴュー』（London Westminster Review）に寄稿するよう勧められる。

一八三五年十月二十六日、アレクシスはメリー・モットリー（Mary Mottley）と結婚する。子供には恵まれなかった。

シェールブール・アカデミー協会の論叢に『貧困論』を寄稿。トクヴィルはそのなかで、労働者の産業組合の結成の可能性とその効用について、おおよそ次のように述べている。「将来、労働者の認識が向上し、単なる集団を形成するのではなく産業労働者として連合するようになれば、政治がこの種の産業組合に干渉することがなくなり、また政府も労働者の連合の目的を了承して連合を支持育成するようになるだろう。」

一八三六年

一月。アレクシスの母死去。トクヴィルの館と土地を相続。その後、アレクシス夫妻は、冬はパリで過ごし、夏から秋にかけて館のあるコタンタン地方で過ごすことになる。

アレクシスはジョン＝スチュアート・ミルの『ロンドン・リヴュー』誌に「一七八九年以前と以後における

フランスの社会・政治状態」を寄稿。この論考は後の『アンシャン・レジームとフランス革命』の形で集大成される。

一八三七年

一八三七年六月二十三日と八月二十二日に『セーヌ・エ・オワーズ新聞』に「アルジェリアについての手紙」が掲載される。アレクシスは以前からアルジェリアの植民に関心をもっていて、サヘルに土地を買うことを考え、アラビア語も勉強していた。

一八三八年

一月六日、アレクシスは人文・社会科学アカデミー会員に推挙される。所轄官庁は刑務所の改革について各県議会の意見を聴取。相談を受けたアレクシスは独房収監の支持を表明。

一八三九年

三月二日、アレクシスはヴァローニュの議員に選挙される。議会では、中央左寄りの三一九番の議席。アレクシスは特定の政党に所属することを拒否し、「自由こそ私の情熱の最高の対象だ」という。政教分離、選挙制度改革、労働者の利益を考える税制改革、公教育の自由化、奴隷制度の廃止、利益配分によって貧困問題を解決するための大規模な調査など、内政問題については、ラマルチーヌに近い立場であったが、博愛主義的なラマルチーヌの平和主義を「生ぬるい」と評して、外交問題では対立した。

アレクシスが政治的な野望をもっていたことは、衆目の認めるところだった。

この年の七月には、奴隷制度についての報告書を作成して、ただちにすべての奴隷を解放するよう主張した。

七月三十一日、けっして同調することのなかったチエールに、彼の英国に対する毅然とした態度を支持する書簡を送る。

一八四〇年

四月。『アメリカの民主主義』の第二部刊行。第一部に比べて抽象的であるため、評価が低かったが、ジョン゠スチュアート・ミルは同時代の民主主義に関する最初の政治学の著書だと評した。

十一月。議会でオリエント問題について重要な演説を行なって「戦争ができない政府はすべて忌避すべき政府である」と述べた。

インドでの英国の植民政策についての著書を計画。

一八四一年

五月。アルジェリアへ出発。発病して、滞在を切り上げて帰国。

十二月二十三日。アカデミー・フランセーズに推挙される。

一八四二年

七月九日。ヴァローニュ議会に六四九票中四六五票を獲得して七〇票の対立候補ル・マロワ（Le Marois）を破って再選。
アレクシスとギュスターヴは、ドゥカーズ公爵（le duc Decazes）が議長を勤める院外委員会に積極的に参加して、アルジェリアの植民地化について調査研究する。

一八四三年

一月。『ル・シエクル』（Le Siècle）誌に「フランスの国内情勢について」と題する一連の論説記事を寄稿し、とくにギゾーの政策を批判。公徳心ある大政党は世論を教育するべきだと主張し、彼がギゾーの政策だと考えるイギリスに対する弱体を非難した。

一八四四年

一月。教育の自由と政教分離についての演説。実際には民主主義教育についての演説。
三月。アレクシスは、革命によって失われた旧体制に代わる政治的権威の確立を願って大政党が必要とする報道機関として、六名の野党議員と協力して『ル・コメルス』（Le Commerce）紙を復刊するが、失敗に終わる。
議会の刑務所改革委員会の報告者に指名される。一八四四年五月、議会は独房収監制度を採択するが、貴族院には上程されなかった。

一八四六年

六月。アルジェリア問題関連の演説。アルジェリア問題がフランスにとってきわめて重要であると強調し、アルジェリア担当省の創設を要求。

八月一日。ヴァローニュ選出議員に当選。かねてからの主張に基づいて大政党の創設を目指す。

十一月。アルジェリア再訪。植民地化の実情視察。

一八四七年

二月。フランスに帰国。アルジェリアおよび同地域植民地化関連二法案の検討委員会の委員長兼報告者に指名される。

五月二十四日。『ル・モニター』紙に掲載された二篇の報告書が大きな反響を呼ぶ。アレクシスは軍事植民の予算案をすべて廃案にするよう提案し、また現地アルジェリアに自由がないことを告発した。

一八四八年

一月二十七日。支配階級の閉鎖的で私利私欲に走る矮小な世界は、やがて革命の気運が昂まって打ち倒されるであろうと演説する。

二月二十四日。二月革命でルイ・フィリップ王退位。アレクシスは革命の事変に不安を覚える。

三月二日。普通選挙の宣言。

四月二十四日。アレクシスは憲法制定議会議員に選出される。

六月二十三—二十六日。革命は流血の惨事となったのちに鎮圧される。アレクシスは秩序維持の政策を支持し、戒厳令発布に反対投票したことを後悔する。労働時間を一日十時間に短縮する法案、塩課税廃止法案に反対投票、徴兵制度を導入せずに兵役代理制度を維持すること、および六月革命の受刑者の恩赦に賛成投票。アレクシスは新共和国憲法起草委員会に参加。九月十二日、労働権を設定する憲法第八条に反対する演説のなかで、アレクシスは自由主義的哲学の大原則を主張。議会の二院制については「民衆の動きを弱めるために」賛成する。彼は「民主主義の原則では、民衆を蔑ろにすることは不可能であり、民衆の外では何ごとも成し遂げられないが、それは民衆がただちに彼らの欲求を実現できることを意味するものではない」と主張する。

十二月十日。ルイ＝ナポレオン・ボナパルト共和国大統領に選出。

一八四九年

五月十三日。アレクシス、立法議会議員に選出。

五月、ドイツに滞在。

六月二日。アレクシスはバロー内閣（Barrot）の外務大臣に任命される。内務大臣にはデュフォール（Dufaure）、アレクシスが狙っていた文部大臣のポストにはファルー（Falloux）が任命された。外務大臣官房長には一八四三年以来つきあいがあったアルチュール・ゴビノ（Arthur Gobineau）が任命された。外務大臣にこのとき要求されていたのは、主に平和維持の問題だった。ことにローマ問題が未処理のままであった。一八四八年ローマはマジッニ大統領（Mazzini）の下で共和国となり、教皇は逃亡するしかなかった。アレクシスは前内閣がオーストリアの影響を緩和して教皇の復権をはかり、さらに中部イタリアに自由主義的な政治機構を設立するためにフランスが軍事介入したことに賛成だった。アレクシスは立憲体制の設立と引き替えに教皇の復権を取り付けようとしたのだ。

十月三十一日。ルイ＝ナポレオンはバロー、トクヴィル、その他数名の大臣を罷免。

一八五〇年

三月。アレクシス、発病。吐血。おそらく九年後に彼の命を奪うことになる肺結核の初期症状。コタンタンで療養しつつ、これまでの活動をふり返る。

七月。『回想録』第一部を執筆。

十一月。医師の勧めでイタリアへ。新規の著作について構想を練る。この構想を出発点として最終的には『アンシャン・レジームとフランス革命』が生まれる。

一八五一年

六月。憲法改正委員会報告者に任命される。憲法改正に向けて憲法制定議会の選挙を提案。『回想録』の執筆を再開。

十二月二日。ナポレオン三世のクーデター。アレクシスは抗議集団の一員として逮捕されるが、十二月四日に釈放。このときを最後にアレクシス・ド・トクヴィルは政界を退く。

一八五二年

一月十四日。アレクシスはド・シャンボール伯爵（de Chambord）に、帝政専制主義に抵抗するには自由主義的な王政しかない、と書き送る。

四月。自分が委員長を勤める人文・社会学アカデミーで政治学と統治する方法との関係について演説。

秋。肋膜炎を発症して二カ月間病床にある。

前回のイタリア旅行にさいして計画を立てていたフランス革命についての著作を書きはじめる。

一八五三年

資料収集、検索などの仕事をする。夏はサン・シール・レ・トゥールで過ごし、そこでかっての州当局の資料を閲覧する。

一八五四年

六月。妻を同道して、ドイツ旅行。ボンに滞在して、図書館で資料閲覧など。

八月。妻がリュウマチを患い、夫妻でヴィルドバート（シュヴァルツヴァルト）の温泉療養地に滞在。

九月。フランスに帰国。

一八五六年

六月。アレクシスの父死去。

六月十六日。『アンシャン・レジームとフランス革命』がミシェル・レヴィー社（Michel Lévy）より刊行されて、好評を博す。
大革命についての続篇を書きはじめる。

一八五七年

六月–七月。ロンドン滞在。ロンドンの上流社会で、もてはやされる。大革命についての続篇を書き進める。

一八五八年

四月。重態。冬を南フランスで過ごすことになる。十一月四日、夫妻でカンヌのモンフルリの別荘に到着。

一八五九年

四月十六日。アレクシス・ド・トクヴィル死去。

訳者あとがき

本書は Jacques Coenen-Huther, *Tocqueville*, in coll. Que sais-je?, Presses Universitaires de France, 1997 を原典とする翻訳である。

トクヴィルという名前をはじめて聞いたのは、一九五〇年代初頭の大学時代のことだったと思う。あまりにも遠くなりすぎていて、いつのことだかわからなくなってしまっているくらいだ。それが一九八〇年代の終わりになって、レーモン・アロンの『回想録』を訳すことになり、ふたたび目にとまった。そして今回、機会を得て文庫クセジュの『トクヴィル』を訳すことになったのは、何かの因縁なのだろうか。そのアロンは『回想録』のなかで、トクヴィルを引用して自由主義社会と自由の概念について次のように書いている。

「またトクヴィルは、『自由に自由以外のものを求める者は、隷従を強いられることになる』と書いている。自由主義社会はときに偉大な計画を完遂することがあるが、あらかじめそれを考案することはない。人間に政府を選ぶ権利をあたえ、個人の自律を認めて、同時に政治的・精神的多元主義を促進することで、自由主義社会は自らの運命を賭ける。私はこの賭けに自由主義社会が勝つように、できるかぎりの援助をする。政治についての考察よりも形而上学が、これらの社会に役立つとは思われないのだ。」

トクヴィルが五十四年という短い生涯を自由以外のなにものも自由に求めなかったことは、何度も官職を辞していることからも理解できる。そして彼はおそらくアメリカに旅して、そのような信念を貫くことが何よりも大切であることを痛感したのだと考えられる。あるいは独り善がりかもしれないが、戦後まもないころに青年期にあった訳者にはトクヴィルの信念とそれに見合う行動が感覚的に理解できるように思われて、この小著を訳すことでそうした漠とした思いに堅固な保障を与えられた。ただ私は社会学の専門家ではないから思い込みで訳してしまったところも随所にあると考える。読者諸兄姉の寛容であられることを願う。

著者のジャック・クーネン＝ウッターは、一九三七年生。現在ジュネーヴ大学社会科学科客員教授。ブリュッセル自由大学社会科学博士。ブリュッセル社会学研究所研究員、オランダ社会福祉省研究員、ヨーロッパ社会福祉研究・養成センター・コーディネーター、ストラスブール・ヨーロッパ評議会事業計画理事などを歴任している。

固有名詞の表記に関しては、『ラルース社会学事典』『岩波西洋人名辞典』『岩波哲学思想事典』『広辞苑』などの国語辞典および諸種の世界地図の表記に従った。ただしこれらの辞典類に記載のないものについては、原音になるべく近い表記とした。さらに、本書のなかにあるトクヴィルの著書からの引用は、『旧体制と大革命』(小山勉訳、ちくま学芸文庫、一九九八年第二刷)、『アメリカの民主政治』(上・中・下巻、井伊玄太郎訳、講談社学術文庫、一九九八年)、『アメリカにおけるデモクラシーについて』(岩本健吉郎訳、中公バックス、世界の名著40、一九九五年、第六刷)を参照した。その他については、ガリマールのプレイヤード版全二巻(Tocqueville, *Œuvres*, I, II, Bibliothèque de la Pléiade, Gallimard, 1992)から訳者が翻訳したものを用いた。トクヴィル以外の学者や研究者、また歴史上の人物の著作などの引用は、原典あるいは訳書のあるものについては訳書を参照して、翻訳、引用した。トクヴィルの伝記としては、アンドレ・ジャルダンの『トクヴィル伝』が大津真作訳で一九九四年に晶文社から刊行されている（André Jardin, *Alexis de Tocqueville, 1805〜1859*, Hachette, 1984)。なお、本書を活用してトクヴィルの略年譜を巻末に付した。

最後に、トクヴィルの著作についてまとめておく。アレクシス・ド・トクヴィルの全集は二版あり、選集は数種類刊行されている。九巻の全集が最初に刊行されたのは一八六四年から一八六六年にかけてのことである。現在、ガリマール社から刊行中の全集は三十冊前後になるとみられ、これまでにすでに二十数冊が刊行ずみである。主著をはじめ、政治関連の著作や演説、旅行記、書簡集などで編集されている。

Tome I, Vol. 1, *De la Démocratie en Amérique*, 1re partie, 1951.—Vol. 2, *De la Démocratie en Amérique*, 2e partie, 1951.
Tome II, Vol. 1, *L'Ancien Régime et la Révolution*, 1953.—Vol. 2, *Fragments et notes inédites sur la Révolution*, 1953.
Tome III, Vol. 1, *Ecrits et discours politiques* : Ecrits sur l'Algérie, les colonies, l'abolition de l'esclavage, l'Inde, 1962.
Vol. 2, *Ecrits et discours politiques* sous la Monarchie de Juillet.
Tome IV, Vol. 1 et 2, *Ecrits sur le régime pénitentiaire en France et à l'étranger*, 1984.
Tome V, Vol. 1, *Voyage en Sicile et aux Etats-Unis*, 1957.—Vol. 2, *Voyage en Angleterre, Irlande, Suisse et Algérie*, 1957.
Tome VI, Vol. 1, *Correspondance anglaise* : Lettres échangées avec Reeves et Stuart Mill, 1954.
Tome VIII, Vol. 1, 2 et 3, *Correspondance Tocqueville-Beaumont*, 1967.
Tome IX, *Correspondance Tocqueville-Gobineau*, 1959.
Tome XI, Vol. 1, *Correspondance Tocqueville-Ampère et Tocqueville-Royer-Collard*, 1970.

Tome XII, *Souvenirs*, 1968.
Tome XIII, Vol. 1 et 2, *Correspondance Tocqueville-Kergorlay*, 1977.
Tome XV, Vol. 1 et 2, *Correspondance Tocqueville-Corcelle et Tocqueville-Madame Swetchine*, 1983.
Tome XVIII, *Correspondance Tocqueville-Circourt et Tocqueville-Madame de Circourt*, 1983.

『アメリカの民主主義』については他に、エドゥアルド・ノッラが編集した歴史校定版が、一九九〇年にパリのヴラン社から二巻に分けて刊行されている（Paris, Librarie philosophique J. Vrin, 2 vol., 1990）。その他、ガリマール社のプレイヤード版に選集二巻がある（一九九一〜一九九二年）（既述）。さらにペーパーバック版が、最初は《10／18》叢書で、一九六三年に（Paris, Union générale d'éditions, 1963）、ついでガリマール社の《フォリオ／イストワール》叢書で一九八六年に再版されている（Paris, Gallimard, 1986; réimpressions）。

『アンシャン・レジームとフランス革命』は、同じく《フォリオ／イストワール》叢書でガリマール社から、一九八五年に再版されている（Paris, Gallimard, 1985; réimpressions）。

この他に《ブッカン》叢書にトクヴィルの主要テクストを集めた版が一九八六年に出ている（*Tocqueville*, Paris, Robert Laffont, 1986; réimpressions）。この叢書版にはジャン＝クロード・ランベルティ、フランソワーズ・メロニオ、ジェームズ・シュライファーの解説論考が付いている。

二〇〇〇年一月

三保　元

訳者略歴
一九三二年生
一九五二年〜一九五六年パリ大学留学
一九五六年〜一九七四年日本放送協会国際局に勤務
元国際基督教大学教授
主要訳書
クロード・レヴィ＝ストロース『はるかなる視線』（1、2）
フランシーヌ・エライユ『貴族たち、官僚たち』
レーモン・アロン『回想録』（1、2）ほか

トクヴィル

二〇〇〇年二月一〇日　印刷
二〇〇〇年二月二〇日　発行

訳　者 © 三《み》保《ほ》元《もと》
発行者　川村雅之
発行所　株式会社　白水社
東京都千代田区神田小川町三の二四
電話　営業部　〇三（三二九一）七八一一
　　　編集部　〇三（三二九一）七八二一
振替　〇〇一九〇・五・三三二二八
郵便番号　一〇一・〇〇五二

伸光写植印刷・加瀬製本

ISBN 4-560-05824-5

Printed in Japan

Q 歴史・地理・民族（俗）学

791 アイルランド
798 フランス植民地帝国の歴史
806 中世フランスの騎士
810 闘牛への招待
812 ポエニ戦争
813 ヴェルサイユの歴史
814 ハンガリー
815 メキシコ史
816 コルシカ島

Q 哲学・心理学・宗教

1 知能
9 青年期
13 実存主義
25 マルクス主義
52 精神力とは何か
95 性格学
107 世界哲学史
114 プロテスタントの歴史
115 精神分析
149 カトリックの歴史
193 哲学入門
196 道徳思想史
199 秘密結社
228 言語と思考
236 感覚
248 妖術
252 神秘主義
326 プラトン
350 ギリシャ哲学
362 ヨーロッパ中世の哲学
368 原始キリスト教
374 現象学
400 ユダヤ思想
401 エジプトの神々
415 新約聖書
417 デカルトと合理主義
426 プロテスタント神学
438 カトリック神学
444 旧約聖書
459 現代フランスの哲学
461 新しい児童心理学
464 人間関係
468 構造主義
474 無神論
480 キリスト教図像学
487 ソクラテス以前の哲学
499 カント哲学
500 マルクス以後のマルクス主義
512 ルネサンスの哲学
519 発生的認識論
520 アナーキズム
523 思春期
525 錬金術
535 占星術
542 ヘーゲル哲学
546 異端審問
550 愛
576 キリスト教思想
592 秘儀伝授
594 ヨーガ
607 東方正教会
625 異端カタリ派
663 創造性
680 ドイツ哲学史
697 オプス・デイ
702 精神分析と文学
704 トマス哲学入門
707 仏教
708 死海写本
710 心理学の歴史
722 薔薇十字団
723 インド教
726 ギリシア神話
733 死後の世界
738 医の倫理
739 心霊主義
742 ベルクソン
745 ユダヤ教の歴史
749 ショーペンハウアー
751 ことばの心理学
754 パスカルの哲学
762 キルケゴール
763 エゾテリスム思想
764 認知神経心理学
768 ニーチェ
773 エピステモロジー
778 フリーメーソン
779 ライプニッツ
780 超心理学
783 オナニズムの歴史
789 ロシア・ソヴィエト哲学史
793 フランス宗教史
802 ミシェル・フーコー
807 ドイツ古典哲学
809 カトリック神学入門

Q 社会科学

Q 芸術・趣味